正義的

TOTEM OF JUSTICE

的

圖騰

審判中的力量與敬畏

從泰美斯的眼睛到彼拉多式司法，探索
法律的深層意義及法治的深層結構

張建偉 著

司法不僅僅是法律的展示，
更多的是公民的權利與義務的展現。
本書從無罪推定到刑訊心理學，
解析司法象徵與法律演變，
透視古今司法實踐。

正義是什麼？
司法的作用如何實現？

目錄

目錄

目錄

收拾來便是良知，散漫去都成妄想。

——[明] 高攀龍

這就是我的故鄉，我的人民。

這是一片我想發出聲響的空間。

——[荷] 馬斯曼

目錄

序

　　讀一篇美國學者的文章，文章中反覆提到「像法律人一樣思考」（thinking like a lawyer），我對這個短語產生了一點興趣。按照作者的說法，「像法律人一樣思考」意味著相信法律工具（首要的是對抗制）是解決所有難題的理想手段。如果與法律制度無關的某一生活領域的事項出了問題，這個解決手段會將法律制度擴張到該領域。在英美法系國家的人眼裡，「法律人」包含受私人委託的律師，也包括在檢察機構從事訴訟活動的律師（檢察官被稱為「控方律師」），甚至在法庭上執槌司法的法官。所以，在這裡，對「法律人」一詞不妨作寬泛理解。

　　像法律人一樣思考，是指具有律師思考方式的特性，這種特性植根於法律職業的特性、法律活動本身的傳統和性質。它是一種職業習慣，一種角色心理，是養成的，烙印在所有律師的精神裡。我想，一個法律人的意識構造中應包括如下要素：

　　現代訴訟中實行證據裁判主義，認定案件事實應依賴於證據，證據是律師武器庫中的制勝利器，法律人進行訴訟活動和訴訟外的諮詢代理活動，不能不重視證據。有證據意識者，

能夠注重保全證據、提供諮詢意見或者辯論言之有據、依證據為判斷。

律師以維護權利為己任，受私人委託的律師，基於維護當事人利益的目的進行活動，應主動維護權利。身為「控方律師」的檢察官，不但要維護被害人的權益，對於嫌疑人、被告人的權益，也要公平注意。故而許多國家的法律要求檢察官對待有利於和不利於嫌疑人、被告人的證據應一律加以注意，以維護其正當權益，展現和實現正義。法官居中裁判，更應有尊重當事人自由權利的意識，否則怎麼配當「上帝」在人間的代理人？要知道，裁判人之善惡的法官的位置是人間的法官代坐的。

公平競賽（fair play），來源於競技中的概念。在運動場上，公道待人，注重競技的公平性，不但與隊員通力合作，即使對競爭對手也尊重其人格。之後，在政治舞臺和司法領域，亦以公平競賽為原則。這一原則，來源於英國，人們素來認為「英國政治家的風度是在球場上養成的」，英國的對抗制訴訟也表現出鮮明的公平性質。在訴訟中，公平競賽意識促使人們遵守自己的本分，在行使自己的權利的時候，亦尊重對方的權利，在司法競技中不踰矩，不以不正當手段拆對方的臺，而以正當手段追求勝訴。

法律人有證據意識、權利意識、公平競賽意識，歸結到一點，是信賴法律的正當程序能夠實現正義。在這種信仰的支配下，出現糾紛時，自然會選用正當程序作為解決問題的方式，並且為了使法律工具保持有效性，能夠自覺抵制敗壞法律程序純潔性的做法。如果法律人對法律工具失去信仰，就會為獲得勝訴而大肆鑽營，就會競相逐利而不擇手段，從而進一步敗壞司法環境，最終使法律工具在解決人們的糾紛中被棄如敝屣。

　　毋須強調，「像法律人一樣思考」中的「法律人」，是「真正」意義上的法律人，是有正義感、道德感的法律人，只有這樣的法律人才能夠如此思考。毫無道德感和正義觀念的法律人，其意識構成有別於此。這樣的法律人越多，司法越頹敗。

　　從事法律工作的人，「像法律人一樣思考」，能夠培養出一種公平訴訟的風氣，以及對法制信賴的風氣。社會中多數人能夠「像法律人一樣思考」，則法治的社會基礎就容易形成，社會正義就容易得到維護。對於社會法治意識來說，法律人建立起一種道德秩序，樹立一種形象，有助於促成和強化這種意識，法律人透過自己的行為和思考方式可以對社會產生良好的影響，樹立一種示範作用，從而促進司法環境的改善。所以，當我們想到「像法律人一樣思考」這樣的概念時，心目中的法律人應當是值得信賴的，值得尊重的。

第一章　正義的圖騰

司法女神，是正義的圖騰，一種從古到今裁判者應有素養的形象表達。代表了人們對司法的普遍期待。泰美斯（Themis）或者朱斯提亞（Justitia）的形象提醒我們，司法須公正，審訊須用心，法律權威須維護，法律面前須平等。這不過是對司法活動的基本要求，是裁判者的圭臬。

第一章　正義的圖騰

司法的意象

英國倫敦中央刑事法院大樓上最高處的穹形屋頂，矗立著一座耀眼的女神像，兩臂左右伸展，左手執天平，右手持劍，劍頭上揚，直指藍天，這就是尊名為「正義之秤」的司法女神造像。在莫斯科大學法律系系史陳列館裡，也有一尊司法女神坐像，一手天平一手劍。

在西方社會，司法最著名的標誌就是這位女神，她往往用布蒙著眼睛，一手持劍，一手執天平。劍者，表示法律的威嚴；天平者，表示執法應當公平。司法女神蒙著眼睛，表示法律應當平等適用於每一個人，無論貴賤貧富智愚賢不肖，法律面前人人平等。

想到司法女神，我有時會想：人們在談到刑事司法和操持司法權柄的機關之時，心目中經常湧起的意象（image）是什麼？他們的筆下或者口中經常運用的意象是什麼？

一種意象是劍。劍表達的是對惡的懲罰，它必須鋒利，它象徵著人們對於司法效率的追求。普布里烏斯‧西魯斯（Publilius Syrus）曾言：「罪人獲釋，法官就成了罪人。」法官貪贓枉法，致使罪犯逍遙法外，是有罪的；若懈怠而不履行查明案件真相的責任，而使罪犯逃之夭夭，也是有罪的。

另一種意象是羽毛。羅秉成律師在一場題為「神也要講程

序」的講演中提道：在埃及神話中有「亡靈審判」的故事，人死後，亡靈由鷹頭神荷魯斯（Horus）牽到雙寶殿接受審判；亡靈自白之後，還有一個「秤心儀式」，由狗頭神阿努比斯（Anubis）主持。亡靈把心掏出來放在天平的右端，另一端是一根羽毛。羽毛是埃及神話裡正義女神的化身。「你如果仔細看畫中的天平，有些會在天平的頂端上畫一顆頭，人頭上插一支羽毛（有些沒畫人頭，只插一支羽毛在上面）」，羽毛是司法的圖騰。

最常見的意象是天平，中國古代用「秤」作為意象，與天平是一樣的。「秤」的意象可以從古人的文章中見到：

> 律意者，其定律時斟酌其應輕應重其宜也。如秤錘然，有物一斤在此，置以十五兩九錢則錘昂，置之十六兩一錢則錘沉。置之恰當，則不昂不沉，錘適居其中央，故曰刑罰中。中者，中也，不輕不重之謂也。此律意也。何謂律心？《書》曰：「罪疑唯輕」，「與其殺不辜，寧失不經」。曾子曰：「如得其情，則哀矜而勿喜。」此律心也。譬如一秤錘也，存心寬恕者，則用錘平，且寧於其出也，微失之昂；於其入也，寧失之沉。若心存苛核者，則用錘也，出必欲其沉，入必欲其昂，此非錘之不平也。故用律者亦然。〔（清）姚文然《律意律心說》〕

這「秤」的意象可謂飽含良意。

在中國，古代司法的圖騰是喚作「解廌」（又寫作「獬豸」）

的神獸，但「解廌」為何物，說法不一：《前漢書·司馬相如傳注》說解廌「似鹿而一角，人君刑罰得中，則生於朝廷」；王充《論衡》說解廌為「一角羊，性知有罪，皋陶治獄，其罪疑者，令羊觸之」。《異物志》避開了似鹿還是似羊的說法，僅云：「東北荒中有獸，名獬豸。一角，性忠，觸不直者。」無論如何，這種「性忠」、「觸不直」的神奇動物，用作司法和司法機關的象徵，由來已久，古代官服上就有解廌的形象。它的存在表明人們寄希望於司法的，是明辨是非、懲惡揚善。

　　不過，秤也好，解廌也好，在法律的嚴酷時期，這類意象往往被斧鉞、立枷和鍘刀暗中偷換。法律和司法機構都不過是治民之具，好用則用，不好用則改造之，公平不公平，就看是否能夠滿足朝廷安穩、皇帝放心安睡的需求。《聊齋志異》中〈席方平〉一則就描述了嚴酷的法律、殘忍的法官和黑暗的法庭共同構成的「地獄」。走進這種衙門，小民只有老老實實的份，沒有亂說亂動之權，能夠毫髮無損就是奇蹟。

　　還有一種意象是盾。葡萄牙學者吉德奧馬丁斯指出：「法院是法治國家架構中的基本構件，它的職權是保衛受法律保護的權益，捍衛民主的合法性和制止各種衝突。」換句話說，司法機關不僅是懲罰犯罪的工具，它還是保衛受法律保護的權益（它所面臨的不僅是來自犯罪的威脅），捍衛民主的合法性。也就是說，司法機關被賦予了盾的意象。

盾的意象，法律家將其與懲罰犯罪的結果相連繫，即透過懲罰犯罪來保護政治制度、社會秩序、經濟秩序和人民的生命、自由、健康和財產安全。不過，司法機關作為人民手中的盾，最重要的作用在於防止來自政府（主要是行政機關，也不排除同樣可能對個人造成損害的立法機關）的侵害，它為人民提供不受來自政府的侵害以及過於熱心的國家官吏的干預的保護功能。這種意義上的盾，才真正代表了近代以來司法機關與中世紀及其以前的刑事司法機關的差異之處。

司法和司法機關具有現代特性的，是在國家權力和個人自由之間發揮調節作用。英國學者大衛・巴納德（David Barnard）在《訴訟中的刑事法庭》一書中指出：「社會必須保護它的成員，使之不受壞人侵害。同時，民主國家的公民又有不受警察干涉的正當要求，法律必須在這互相衝突的兩者之間取得平衡。」法院發揮平衡作用，得到美國最高法院法官威利斯・范・德文特（Willis Van Devanter）的認同：「……審判人員……是整個審判體系的平衡輪，有著維持個人權利與政府權力之間的平衡的調節作用。」這樣的比喻賦予司法與司法機關頗具現代性的新意象：平衡輪。

我們可以在一些機械裝置（如鐘錶的內部構造）中發現平衡輪（balance wheel），它的作用是保持平衡或者糾正失衡狀態使之重新達成平衡。平衡輪作為司法與司法機關的意

第一章　正義的圖騰

象，與訴訟中的平衡觀念相連繫。美國學者喬‧撒馬哈（Joel Samaha）認為平衡是刑事程序的核心問題。美國總統詹姆斯‧麥迪遜（James Madison）的天使理論揭示：「如果人是天使，政府就沒有存在的必要；如果天使君臨統治，就沒有必要從外部和內部控制政府。在對人統治人的政府進行建構中，最大的困難在於：你必須使政府有能力控制被統治者；而下一步，迫使其自我控制。」喬‧撒馬哈乃謂：麥迪遜的這段話清楚表明，憲政民主之中，平衡是刑事程序法最基本特性，平衡不僅存在於政府權力與個人隱私、自由、財產權利之間，刑事程序法還包含其他因素的平衡，諸如：社會與個人的平衡；目的與手段的平衡；法律、社會和意識形態之間的平衡；聯邦、州與地方政府的平衡；政府的行政、立法與司法部門的平衡；正式規則與自由裁量權的平衡。在這麼多平衡木上保持身體平衡是困難的，按照美國最高法院首席法官威廉‧倫奎斯特（William Hubbs Rehnquist）的說法：「從傳統政治理論的漫長歷史和憲法發展看，最困難的是去裁決那些存在價值衝突的案件，在這類案件中……必須讓一個價值占據超越其他價值的地位。」

就政府權力與個人權利的平衡而言，控制被統治者和對政府加以控制要求：在需要平衡的一側，政府官員應有足夠的權力發現、拘捕、起訴、定罪以及懲罰；在另一側，憲政民主要求對國家官員的權力作出限制，以便為個人自由、隱私權和

財產權提供最大限度的保障。法院在其中造成的調節作用，就是透過簽發某些令狀、作出肯定性的裁決，保證政府官員應有足夠的必要權力去遏止犯罪、捕獲犯罪人、獲取證據和發現真相，同時透過拒絕簽發某些令狀、發布人身保護令和作出否定性的裁決限制國家官員的權力，為個人的各項自由、權利提供切實有力的保障。許多年前，王世傑曾說：「任何權利，如果不受法庭之保障，實際上便同虛設。」

可惜這種平衡輪作用，在某些國家卻幾乎湮沒無聞。這也難怪，它在西方國家長期的訴訟歷史中（直至十七世紀的英國）同樣難覓蹤跡。不過，在現代司法制度中，它卻是司法和司法機關最重要的現代特性之一。平衡輪，是揭示這一現代特性的新鮮、貼切的意象。

泰美斯的眼睛

十幾年以前，在一本電影雜誌上讀到評介電影《懺悔（Monanieba）》的文章。文章談道：電影中出現一名蒙著眼睛的司法女神，當有人揭開她的蒙眼布看時，發現她的眼睛已經潰爛。導演用這種鏡頭告訴觀眾：天下蒙冤遍地，原來司法女神早就瞎了眼！

讀書或讀文章，本沒有刻意要記住某些東西；很久以後，

19

第一章　正義的圖騰

卻發現不經意間已經讓一些事物留下了深刻印象，甚至不容易在記憶中抹掉。當初讀到這段談電影中司法女神的文字就是如此。不過，後來我看了這部電影《懺悔》，雖然看到「司法女神」，卻沒有看到揭開蒙眼布的鏡頭，不免有些失望。

聽一位律師談案件，說到司法女神的眼睛，又勾起這段記憶，算是「不思量，自難忘」了。

這位律師振振有辭：「司法，是一位閉上眼睛的女神，她只憑藉聽到的事實決定是否揮起她的寶劍。」他還借題發揮說：這意味著，法官不可能知曉「客觀事實」，更不能依據「客觀事實」判案。但法官又必須作出裁判，只能用「證據」還原「事實」，透過合法程序獲得的「證據」證明了的「事實」，就是「法律事實」。結論是：「客觀事實」並不是法院判決的依據，法官定罪量刑依據的永遠只能是「法律事實」。

聽到這位律師慷慨激昂的言論前，我在一位學者寫的關於法律真實與客觀真實之辯的文章中，也曾讀到相同的說法。法學的太陽底下也沒有新鮮事，一些流行觀點很快就會流傳開來，在法律人士中形成「你有、我有、全都有」的人云亦云局面。

其實，這位律師的聯想過頭了。需要澄清的一個常識是，司法女神泰美斯（Themis）並不是閉上眼睛的，而是用布蒙住的（當然，蒙住眼睛的同時也許閉上眼睛了，但也有可能在蒙

眼布後睜著眼睛，誰又知道呢？）；另外，很重要的是，她蒙住眼睛，也並不是什麼「只憑藉聽到的事實決定是否揮起她的寶劍」。

執劍的泰美斯

余定宇在《尋找法律的印跡：從古埃及到美利堅》中提到羅馬法院廣場的塑像：「只見她神情肅穆，一手持寶劍，一手執天平，雙眼被布緊緊蒙著。雕像的背後，刻有一句簡潔的古羅馬法律格言：『為了正義，哪怕它天崩地裂。』這便是整個西方世界中家喻戶曉的法律化身 —— 正義女神的雕像。」正義女神來自希臘神話，「古希臘正義女神的名字叫泰美斯（或譯泰美斯），是天與地的女兒。她名字的原義為『大地』，引申義則為『生命』和『穩定』。所以，在奧林匹斯山上的眾神雕像中，正義女神的造型，是被塑造成一位表情嚴肅的中年母親，手中常持一架天平，象徵著平民百姓對『生命』和『生活』的希望，

第一章　正義的圖騰

以及對法律『成熟穩重』、『公平正義』的期求。」古羅馬人將「正義女神的名字稱為『朱斯提提亞』（Justitia，由法律 jus 一詞轉變而來），其雕像的造型，亦已將泰美斯與狄刻母女二人形象合二為一：她一手持寶劍，一手執天平，但雙眼卻始終用布蒙上。羅馬人賦予正義女神的新意涵是：天平代表『公平』，寶劍代表『正義』，前額垂直的秀髮代表『誠實』亦即『真相』，而蒙眼閉目，則表示審判要『用心靈來觀察』。」[1]

手執天平的泰美斯

心如明鏡，明鏡高懸，是人們對司法官員的普遍期待。用心去觀察，去過濾，比那些有眼無心的裁判者更能澄清事實真相，實現法律正義。否則，有心而中空，有眼而無珠。真偽不明，亂揮寶劍，招惹得民怨沸騰，怨聲載道，誰還會找瞎了眼

1　余定宇著：《尋找法律的印跡：從古埃及到美利堅》，46～47頁。

的司法女神討公道？

正義女神蒙著眼睛，表達的意思是 ——「法律之前人人平等」。也就是說，正義女神蒙著眼睛並非不去看案件事實，而是不去區分前來訴訟的人是高官顯爵、財大氣粗之流，還是窮困潦倒、身無長物之輩。智愚賢不肖，黑白黃棕紅，一視同仁，公平裁判。

司法女神，是正義的圖騰，一種從古到今裁判者應有素養的形象表達。代表了人們對司法的普遍期待。泰美斯或者朱斯提提亞的形象提醒我們，司法須公正，審訊須用心，法律權威須維護，法律面前須平等。這不過是對司法活動的基本要求，是裁判者的圭臬。

司法女神蒙住眼睛，要表達的可不是某些學者和律師想要表達的意思：事實真相是無法發現的，發現了她也不知道。

解讀歪了，司法女神的眼睛裡會有淚流出來。

聽聽曹劌怎麼說

無事亂翻書，幾度驚訝於這樣的史實：春秋時期，治獄受到重視，公平司法是國君可以誇耀並得到大眾尊敬的事。《左傳》中「曹劌論戰」一節，便告訴我們這些。

第一章　正義的圖騰

《左傳》記載：齊國攻打魯國時，曹劌以一介布衣身分拜見魯國國君，問：「憑什麼應戰？」國君說：「錦衣玉食，不敢一人獨占，一定與人分享。」曹劌搖頭：「小小恩惠，不能遍施給每一個人，百姓不會死心塌地追隨你的。」國君又說：「祭祀所用牛羊綢緞，遵循定制，不敢隨意增加，一定以誠信對待這件事。」曹劌又搖頭：「小小信用，不足以感動神道，神靈不會降福給人。」國君最後說：「無論大小案件，即使不能明斷真偽，但一定以情處斷。」（情，實也。《論語》云：上好信，民莫敢不用情。見《康熙字典》）曹劌終於寬慰地說：「這是可以使百姓奉獻忠心的，可以憑藉它與敵作戰。作戰時請允許我作為隨從！」

少時懵懂無知，讀「曹劌論戰」，對曹劌不言對敵國入侵的因應之策，卻追問憑什麼應戰頗為不解，對他從國君以情審理案件，竟得出可以一戰的結論更是大覺蹊蹺。如今痴長多年，心智漸開，終於明白：審案之事大矣。

曹劌引以為應戰之恃的「以情審案」，意指審案合乎情理，亦即司法合乎公平的倫理觀。情，一解為情實，即符合實際情況。審案合乎公正之所以重要，原因在於它與每一國民的切身利益攸關。蓋因每一國民都可能涉入訴訟，也都可能成為不公正的司法的受害者。司法公正，不但可使百姓對司法機構、司法人員和司法制度產生信賴，而免於因擔憂被不公正的司法所

戕害而惶惶不可終日，而且能夠基於這種信賴形成一種向心力。

春秋時期，各諸侯國充滿競爭，人心向背、輿論褒貶、國君智昏、謀士賢愚，無一不與社稷安危相關，除非一心一意想把國家弄垮，哪個國君不竭力爭取民心、自強禦敵？環顧國境之外，虎視眈眈、伺機而動的異國軍隊早按捺不住騷動了。

春秋戰亂時，國家興亡，人是關鍵因素。沒有人肯為你出汗流血拚命，反而拿腳當選票，一溜煙跑到外國，你有再大的抱負、本領，怎能一戰？孟子見齊宣王，曰施仁政可得人心：「近王發政施仁，使天下仕者皆欲立於王之朝，耕者皆欲耕於王之野，商賈皆欲藏於王之市，行者皆欲出於王之途，天下之欲疾其君者皆欲赴愬於王，其若是，孰能御之！」與發政施仁一樣，治獄公正與否，足以決定人心向背，也就足以決定戰爭可能的結果，曹劌聰明，畢竟與肉食者不同……

轉瞬千年矣，當今世界，司法狀況如何，還與人心得失息息相關嗎？

[原文]

十年春，齊師伐我。公將戰。曹劌請見。其鄉人曰：「肉食者謀之，又何間焉？」劌曰：「肉食者鄙，未能遠謀。」乃入見。問：「何以戰？」公曰：「衣食所安，弗敢專也，必以分人。」對曰：「小惠未徧，民弗從也。」公曰：「犧牲玉帛，弗敢加也，

必以信。」對曰:「小信未孚,神弗福也。」公曰:「小大之獄,雖不能察,必以情。」對曰:「忠之屬也。可以一戰。戰則請從。」公與之乘。戰於長勺,公將鼓之。劌曰:「未可。」齊人三鼓。劌曰:「可矣。」齊師敗績,公將馳之。劌曰:「未可。」下視其轍,登軾而望之,曰:「可矣。」遂逐齊師。既克,公問其故。對曰:「夫戰,勇氣也。一鼓作氣,再而衰,三而竭。彼竭我盈,故克之。夫大國,難測也,懼有伏焉。吾視其轍亂,望其旗靡,故逐之。」

智慧不遺傳

　　先秦,有一件聽起來很蹊蹺、實際上別有深意的事。太史公在《史記·商君列傳》中記載:商鞅制定變法之令,「令即具,未布,恐民之不信,已乃立三丈之木於國都市南門,募民有能徙置北門者,予十金。民怪之,莫敢徙。復曰『能徙者,予五十金』。有一人徙之,輒予五十金,以明不欺。卒下令。」

　　這就是移木之信的故事,如今看,已如九十歲奶奶的嘴 —— 老掉牙了。我最初聽到這個故事,是在法家得到大力推崇頌揚的無法無天年代,孔子被批得灰頭土臉,商鞅、韓非被捧上天,一本童書畫著這個故事。這段舊事,人們早已耳熟能詳,在這裡又說起來難免落俗。不過,智慧是不能遺傳的,重

溫這類往事會發現一些被我們忽略的東西，故舊聞重錄常常是
必要的。

　　這移木之信的特別之處，不在於人們常說的那一點意義，
即先秦時人們已經意識到確立法律權威的必要性。商鞅為法律
確立權威的方式才稱得上另類：商鞅不是以標語口號式的訓令
教育民眾遵守法律，而是以政府守信踐諾的實際作為給法律確
立威信，這不是很特別嗎？

　　法律的威信來自法律的信用，史尚寬先生在〈如何確立法
律威信〉一文中曾言：「法之威嚴，在於必行，立法者不可立不
可行之法，行法者不可存有行有不行之心，是以立法貴恕，行
法貴嚴。」亦即：法律要具有權威，必須具有實踐其信用的前
提條件，此其一；其二，還要執法者嚴格貫徹法律使之必行。
法律不可行或者不被執行，法律權威難以確立，法治的基礎就
不能形成，即便形成也必分崩離析。

　　法律具有懲罰犯罪、規範人的行為、塑造社會以及教育民
眾等多重功能。當代素重法的教育功能，不過，人們通常將這
一功能理解為透過有意識的宣傳，使法律治下的民眾知法守法
不犯法。司法行政官員整天關心的，是在全國普及法律知識，
卻可能未必注意到：這種宣傳固然有傳達法律內容和宣揚法理
的重要作用，但僅憑法律宣傳並不足以樹立起法律的權威和培
養守法意識，法律的教育功能在很大程度上是透過法律的實際

第一章　正義的圖騰

運作狀態得以實現的。在這個過程中，國家官員特別是執法官員的職務活動有著關鍵作用。執法官員在職務活動中嚴格依法辦事，發揮遵守法律的示範作用，使社會透過國家官員的日常工作得以對法律的權威性得到認識，這種不著一字的示範行為具有塑造社會風氣的潛移默化的功效，要比單純的教育宣講效果好得多。反之，執法者不嚴格依法辦事，不透過執法行為實踐法律對大眾的允諾，大眾就會從執法者身上習得法律因人之需任意取捨存廢的意識，執法人員的不良行為就會造成反面示範作用。是故，對法制權威的損害，莫過於執法者自身不循規蹈矩地執行法律。

王安石有一首七絕詩〈商鞅〉，詩云：

自古驅民在信誠，一言為重百金輕。

今人未可非商鞅，商鞅能令政必行。

詩中「信誠」二字，值得為之涕淚橫流。現今社會，誠信缺失已成嚴重問題。究其實，最大的誠信缺失，莫過於國家（政府）誠信的缺失。法律即使不是政府與民眾達成之協議，至少也是政府的一種承諾。這種承諾需要政府去兌現，這就對政府產生了約束。如果政府不遵守約束，作為國家的代理人的執法司法人員自己踐踏法律，誰會相信國家會一言九鼎，講求誠信？法律焉能受到民眾尊重？

清代石成金云：「信者，居官立事之本。與民信，則不疑，

而事可行矣。」商鞅徙木贈金之道，就在於使法律取信於民，以便使法令得以推行。其方法似愚，但世人切莫真以為愚，否則便是今日智叟笑古代愚公了。

百代皆行秦政制

讀杜牧的〈阿房宮賦〉，見連年戰亂之戰國一統於秦，只六個字便概括，云「六王畢，四海一」，真是何等氣魄！秦之戰勝，表面上是鐵馬金戈的勝利，實質是秦國政治制度的勝利。秦國興起，端賴「商君佐之，內立法度，務耕織，修守戰之備，外連衡而鬥諸侯」，商鞅推行的是他標榜的「法治」。

秦之法治足以在戰車上取天下，成功之後，自然被認為亦可以憑藉它在大殿之上治天下，卻不料好夢未久，便惹得「戍卒叫，函谷舉，楚人一炬」，連阿房宮也燒得剩下一片「可憐焦土」。

同一法治，成也由斯，敗也由斯。後人不察，目亂神迷，對法治乃畏而遠之，於是幾千年下來，獨尊儒術，聞法家而哂之。不過，法家雖然落魄，並沒有落荒而逃，有人謂中國秦以後各朝「外儒內法」或「明儒暗法」，法家思想換了一副儒家面孔出現在司法制度中，隱身於儒家化的法制當中。

第一章　正義的圖騰

　　無論如何，秦之覆亡，豈非證明法治之失敗？今人聞法治而心嚮往之，大有非此不足以談政治民主、文明之勢，又是為什麼？

　　今日所言之法治，乃現代法治，源於英國，與秦之法治有著本質區別。論法治之功過，需要清楚是哪一種法治。

　　秦之法治，乃商鞅、韓非式的法治。賀麟先生稱之為「申韓式的法治」，又稱「基於功利的法治」，他指出，這種類型的法治「屬行鐵的紀律，堅強組織，急近功，貪速利，以人民為實現功利政策的工具；以法律為貫徹武力征服或強權統治的手段。以獎賞為引誘人圖功的甘餌；以刑罰為壓迫人就範的利器」。這種法治雖然可以收到富強的速效，但「上養成專制的霸主，中養成殘忍的酷吏，下養成敢怒不敢言的順民，或激起揭竿而起的革命」。

　　現代法治（rule of law），可稱為「近代民主式的法治」。戴雪（A.V. Dicey）指出其真諦：「全國人民以至君主本身都須要受制於法。倘使法律不能為政，以致全國無法律；必致全國無君主，復無任何遺產之可言。」在《英憲精義》（西元一八八五年）一書中，戴雪指出不存在武斷權力，是法治主要特徵之一，它意味著正常的法律保有絕對的至高無上或壓倒一切的地位，與專制權力相對立，並且排斥專制的存在、特權的存在；另外，在國家境內，沒有一人高居法律之上，每個人，

不論為貴為賤為富為貧，都要受命於法律，並處於普通法院的管轄之下，所有在職官吏，自內閣總理以致巡視或徵稅差役，倘若違法，一律與庶民同罪。從戴雪對「法治」特徵的經典描述可以清楚看到：在「法治」概念中，司法機關具有極不尋常的地位。法院是約束立法機關使之不違反憲政原則和約束擁有龐大權力的行政機關防止其濫用權力的重要力量，所以司法是法治的屏障。

這種現代法治，本質上與商鞅、韓非式法治實在沒有多少共同之處。蕭公權先生稱秦實行的「法治」為專制，乾脆否認其為法治，他認為：「法治與專制之別，在前者以法律為最高之威權，為君臣之所共守，後者為君主最高之威權，可以變更法律。持此以為標準，則先秦固無真正之法治思想，更未嘗有法治之政府。秦自孝公（西元前三六一年至前三三八年在位）以來即用商韓之法。吾人若加以分析，其重要之條目不外尊君重國，勤農務戰，嚴刑必罰，明法布令諸事。其中無一端足認為法治之主旨。前二者固無待論。嚴刑明法，似與法治有關。然商韓所謂重刑，李斯所謂深督，皆失法律之平，為近代法律之所不許。明法布令，制定條文，而宣示大眾，又為任何政體中不可或缺之政事。以此為法治，則凡政府皆法治，豈秦之所得專美。」

秦雖以「法治」為號召，實則是人治之一種有法制、重法

制的形式。秦朝乃中國最初的專制皇朝，與現代法治國度絕不相侔。兩者真正區別，在於法律之上有無更高的權威。鑑別的方法如下面這句話所言 ── 在法治（民主）的社會，法律就是國王；在人治（專制）的社會，國王就是法律。

當代人在迷亂的政治概念間學滿月小孩「抓周」，必須看準抓的是哪一種法治，選錯了，努力的方向也就錯了。

法官對抗國王

羅斯科・龐德（Roscoe Pound）有一本小冊子，寫得著實不錯，書名《普通法的精神》（*The spirit of the common law*）。書中提道：一六一二年十一月十日，星期天上午，應坎特伯里大主教的奏請，英國國王詹姆士一世召見英格蘭的法官，此所謂「星期日上午會議」。起因是，教會法院不依既定法律和成規，不遵從任何控訴便審判案件。它在一個案件中僅憑一份世俗性質的訴狀，派隨員進入被告人的住宅拘捕時，高等民事法庭頒發禁令，取締其有關訴訟行為。一些人建議國王按照自己的意圖收回部分案件的審判權，由國王對這些案件親自審理和判決。為了證明這一行為的合理性，坎特伯里大主教在會議上宣揚王權至上，提出：法官只是國王的代表，國王認為有必要把本應自己審理的案件交給法官審理。大法官愛德華・柯克

（Sir Edward Coke）代表法官反駁，乃謂：根據英格蘭法律，國王無權審理任何案件，所有刑事和民事案件，皆應交由法院裁決。國王聽罷不以為然：「朕以為法律以理性為本，朕和其他人與法官一樣有理性。」柯克回答：「上帝恩賜陛下以豐富的知識和非凡的天資，但微臣認為陛下對英王國的法律並不熟悉，而這些涉及臣民的生命、繼承權、財產等的案件並不是按天賦理性來決斷的，而是按照人為理性和法律判決的。法律是一門藝術，它需經長期的學習和實踐才能掌握，在未達到這一水準之前，任何人都不能從事案件的審判工作。」詹姆士一世惱羞成怒，質問：這叫什麼話？！按照這種說法，國王將被置於法律之下，豈非大逆不道的犯上行為？！柯克引用法學家布萊克斯通（William Blackstone）的名言，云：「國王不應服從任何人，但應服從上帝和法律。」類似發生激烈辯論的會議經過幾次之後，國王難抑怒氣，將柯克的大法官職務免去了事。

這是英國司法史上的著名事件，柯克對王權與法律的關係、國王的理性與司法人員的專業化的觀點，至今為人們稱道。

英國乃現代法治的起源國，現代法治的重要特徵之一是法律居於至上地位，即使是皇帝、國王也必須服從法律。法治的這一特性要求立法者要獨立於皇權或者王權（它們被看作行政權），這樣才能有限制皇權或者王權的法制；但僅靠這一點遠遠不夠，司法權（也就是執行法律的權力）也必須脫離皇權或者

王權而獨立，司法權一旦與皇權或者王權結合，皇帝或者國王就掌握了操縱法律的特權，法律對於專橫權力的遏制功能就會消失，法治就不復存在。這就是柯克力爭司法權由法官獨立行使的根本意義之所在。大法官柯克為維護司法獨立，與英國國王展開一場場辯論，反駁了王權至上的觀念，重申「國王不應服從任何人，但應服從上帝和法律」的法治原則，提出如下論斷：「法律是一門藝術，它需經長期的學習和實踐才能掌握，在未達到這一水準之前，任何人都不能從事案件的審判工作。」儘管柯克本人因此而丟掉大法官職位，但他這番努力可沒有白費，英國的法治和法官獨立最後確立起來，「星期日上午會議」的抗爭，功不可沒。

民主、自由、人權皆非賜予之物，沒有前人的犧牲、奮鬥，不會有後人在大樹下乘涼。法官的獨立，需要法官自己去努力爭取；等待天上掉禮物，你就看不到獨立的那一天。

司法統制的假期

司法獨立乃法治基本要素之一，此為常識。中國古代，沒有司法獨立的體制，實行的是司法統制，卻並非沒有司法獨立的思想和實踐。

古代文獻當中，有關司法獨立性的論斷並非絕無僅有。《論

語》云：「大君任法而不弗躬，則事斷於法。」強調君主依法而治，不應親自處斷案件（不弗躬）；又云：「術也者，主之所以執也；法也者，官之所以師也。」雖然強調君主尊嚴，但法律的執行還是應交給屬臣。諸葛亮在〈出師表〉中也表達同樣思想，他勸後主劉禪：「若有作奸犯科及為忠善者，宜付有司論其刑賞，以昭陛下平明之治」，不要隨喜怒行法，以免造成偏私，「使內外異法也」。這表明古人意識到：對司法的任意干涉會引起專橫任性，明顯妨礙法治。

西漢廷尉張釋之（字季，堵陽人，漢文帝時拜為廷尉）為後代提供了在司法統制之下，中國司法官吏為保障司法公正而尋求獨立裁判的罕見案例，《史記‧張釋之馮唐列傳》記載：

漢文帝出行經過中渭橋，有一人從橋下跑出，驚了皇帝的車駕。這位闖下大禍的人立即被捕獲。案件交給廷尉處理，張釋之對犯人進行了訊問。犯人回答說：「我聽到皇帝車駕要經過這裡，就藏在橋下。待了好久，以為車駕已過，就出來觀看，正巧看見乘輿車馬，就嚇得跑起來。」廷尉對漢文帝說，驚了皇帝的車馬，應當處以罰金。漢文帝發怒曰：「此人驚了我的馬，幸好我的馬性情柔和，如果是別的馬，不是肯定要把我弄傷嗎？可是你卻只處他罰金！」張釋之接下來的這段回答膾炙人口，他說：

法者，天子所與天下公共也。今法如此而更重之，是法不

信於民也。且方其時，上使立誅之則已。今既下廷尉，廷尉，天下之平也，一傾而天下用法皆為輕重，民安所措其手足？唯陛下察之。

意思是：法律是皇帝和天下眾生共信共守的。法律已經這樣規定，卻又在執行中加重處罰，這是讓法律不取信於民。如果案發之時，皇上下令立即處死他也就罷了，既然交給了廷尉，廷尉是執掌天下公平的，廷尉執法有偏，會帶動全國執法都任意輕重，還會有人民的活路嗎？思忖良久，皇帝終於承認：「廷尉說的是。」

這事發生後，又有類似一幕上演：有人盜竊高廟坐前的玉環，落網。漢文帝十分憤怒，將罪犯交給廷尉治罪。張釋之按照法律中盜竊宗廟御物罪，判處棄市。皇帝聞聽大怒：「此人無道，竟敢盜竊先帝廟器！我把他交給你治罪，想要你處他以族誅，你卻藉口法律規定來搪塞！」張釋之取下官帽頓首謝罪：法如是足也。現在盜竊宗廟器物而處他族誅，假令愚民取長陵一抔土，陛下又何以適用法律？過了好久，漢文帝與太后談及此事，稱讚廷尉的做法得當。

張釋之堅持依法而不是依君主喜怒處理案件，在高壓的皇權社會，勇氣可謂罕見。自古及今，不少論者對其大加稱許，並不斷有人援引他關於法律、君主、廷尉、百姓的關係的話來維護司法的獨立性，影響不可謂不大。

從漢文帝這一面看，儘管「良久」、「久之」才承認張釋之是正確的，畢竟能夠明智意識到秉公執法符合君主的根本利益，最終接受了張釋之的判決，算是善納雅言，讓《史記》的讀者都鬆了口氣。自古以來，能夠做到這一點，就可以視為明君了。

在「朕即國家」、主權在君的中國古代，司法官能否保有一定的獨立性，取決於君主和上級官吏是否自我克制。這種沒有法律確認和保障的「獨立性」，正如風中殘燭，隨時可能在君主的盛怒之下熄滅。

正因為如此，這一先例只能算是司法獨立的「準先例」，蓋因張釋之得到的，並非體制的司法獨立，只是司法統制的「假期」而已。

[原文]

上行出中渭橋，有一人從橋下走出，乘輿馬驚。於是使騎捕。屬之廷尉。釋之治問。曰：「縣人來，聞蹕，匿橋下。久之，以為行已過，即出，見乘輿車騎，即走耳。」廷尉奏當，一人犯蹕，當罰金。文帝怒曰：「此人親驚吾馬，吾馬賴柔和，令他馬，固不敗傷我乎？而廷尉乃當之罰金！」釋之曰：「法者，天子所與天下公共也。今法如此而更重之，是法不信於民也。且方其時，上使立誅之則已。今既下廷尉，廷尉，天下之

平也，一傾而天下用法皆為輕重，民安所措其手足？唯陛下察之。」良久，上曰：「廷尉當是也。」

其後有人盜高廟坐前玉環，捕得，文帝怒。下廷尉治。釋之案律盜宗廟御物者為奏，奏當棄市。上大怒曰：「人之無道，乃盜先帝廟器！吾屬廷尉者，欲致之族，而君以法奏之，非吾所以共承宗廟意也。」釋之免冠頓首謝曰：「法如是足也。且罪等，然以逆順為差。今盜宗廟器而族之，有如萬分之一，假令愚民取長陵一抔土，陛下何以加其法乎？」久之，文帝與太后言之，乃許廷尉當。

老袁都懼它三分

清末以前，中國人似乎未諳司法獨立一說。昔者張釋之力主廷尉辦案須依律以斷，不以皇帝之喜怒為轉移，皇帝稱是。釋之曰：「法者，天子所與天下公共也。今法如此而更重之，是法不信於民也……廷尉，天下之平也，一傾而天下用法皆為輕重，民安所措其手足？」張釋之向皇帝進諫的這段話，廣為傳誦，後代官吏幾乎奉為圭臬，但在專制制度下，司法哪裡能夠得到體制保障而獲得獨立？

清朝傾覆，司法獨立成為民國學界和政界公認的政治和司法的基本道理。不幸的是，司法獨立的燭焰常被置於風中，一

開始就預示了它坎坷的命運。

杜保祺所著《健廬隨筆》，書中第六十二則談到宋教仁案，云：

> 光復之初，民氣發揚，法界中人，亦多守正不阿，以氣節相尚。宋教仁在滬被刺，上海地方檢察廳偵知為袁世凱及其親信趙秉鈞所唆使，遂均發票傳之。袁以區區法吏，竟敢動虎鬚，大憤，乃於癸丑公民失敗後，下令取消各地法院。如蘇省原有地院五十八處，除滬、寧有關國際觀瞻，幸獲保存外，餘俱撤廢，而以縣知事兼理司法。因是司法獨立之精神，摧殘殆盡。然袁恐趙發其覆，遂酖之死，未使非上海地檢處傳票之力也。

當時清政府被推翻，「恢復中華」，民國出現新的氣象，不少人對民主和自由產生憧憬，因此「民氣發揚」。法律界人士也是如此，不但法律現代化改革順利推展，法律界人士也吸收了現代法律意識，並傳承、弘揚了傳統士人的氣節，出現許多守正不阿的人士，他們以氣節相互鼓勵和影響，宋教仁案件正發生在民國社會人們對採行西方式民主政制和法制滿懷期待之時。

案發在上海，上海地方檢察廳展開偵查，偵查的結果表明，袁世凱及其親信趙秉鈞涉嫌唆使，地方檢察廳接下來的舉動，在法制成熟的民主國家本屬順理成章、不值得大驚小怪；但在中國，不僅令當時的人驚駭，就是過了幾十年再翻開這一

第一章　正義的圖騰

陳年舊案，仍令人震撼。那就是：上海地方檢察廳向總理趙秉鈞發出傳票，傳喚他到上海地方檢察廳接受詢問和調查。按杜保祺說法，似亦向大總統袁世凱發出傳票。袁世凱從清廷三拜九叩的政界一路走來，哪裡料想檢察官「區區法吏，竟敢動虎鬚」，當然大怒。大怒的結果是，下令取消各地法院，恢復縣知事兼理司法的老做法，當時的法院除幾處因袁氏顧忌國際觀瞻從而保存外，其餘的全都撤廢。「因是司法獨立之精神，摧殘殆盡」。

看官可能疑惑：檢察官捋動虎鬚，緣何撤廢各地法院？蓋因當時檢法合署，檢察廳附設在法院內，撤廢法院並將檢察機關連根拔起，誰日不宜？

國運多舛，真的叫人無話可說。民國初年上海火車站，刺客的槍彈擊中宋教仁的身體，事後證明，也擊碎了中國人當時對美式民主的最初幻想。實際上，這並非美式民主的破產，那個民主根本還沒有實行就被扼殺了，何言破產？宋教仁遇刺，破產的只是對袁氏當國的期望。宋遇刺後，倘若條件具備，本來還可挽狂瀾於既倒，不至於讓獨夫民賊獨霸全局。那時倘若司法獨立有充分保障，偵控與審判皆能貫徹始終，激濁揚清，懲惡伐罪，民主可得以保全。惜乎年輕的共和國立足未穩，司法獨立尚在萌芽狀態，中國人何其不幸，與民主自由擦肩而過，命歟？

讀這段歷史，稍感安慰的是：儘管司法獨立曇花一現，並未使老袁被整垮，相反的，各地法院都被專制政府倒拔了垂楊柳，但司法獨立卻並非毫無成效，袁世凱擔心趙秉鈞揭穿他的老底，將他毒死，杜保祺所謂「未使非上海地檢處傳票之力也」。上海地方檢察廳雖然失敗，但失敗中仍隱約可見司法獨立的厲害，連袁世凱都還懼它三分呢。

彼拉多式司法

耶穌被控告煽動民眾叛國、反對向凱撒繳稅、自稱是基督和君主，由羅馬總督彼拉多（Pontius Pilatus）審判。經過審問，彼拉多將祭司長、猶太領袖和民眾召集在一起，當眾宣布：「你們帶這個人（耶穌）來，指控他煽動民眾造反，但是我當著你們的面審訊過他，卻查不出罪證。希律王也找不出他有什麼罪狀，所以把他解送回來。由此可見，這人根本沒有犯什麼死罪，我決定懲戒他一番，然後釋放他。」這時群眾卻齊聲高呼：「做掉他！」彼拉多很想釋放耶穌，再次陳述他的立場。無奈他們一直極力叫嚷：「把他釘十字架！釘死他！」彼拉多第三次又問：「為什麼呢？他到底犯了什麼罪？我實在找不出犯死罪的證據，因此我要懲戒他一番，然後釋放他。」民眾越發大聲叫囂，要彼拉多把耶穌釘死在十字架上。最後，彼拉多在他們的吼聲

下屈服，批准了他們的要求。

　　沒有證據，以民憤作為裁判的根據，這就是彼拉多式司法。

耶穌

　　這種裁判，乃司法製造的罪惡。耶穌之死，死於暴民之叫囂、怒吼、詛罵，死於彼拉多對民憤的依從。

　　依據現代訴訟之基本原理，司法裁判必須建立在訴訟證據的基礎之上，這已成為一項重要的訴訟原則，曰「證據裁判原則」。該原則的內涵並不複雜，卻是人類經過長期磨難才得以確立，它排斥以神靈啟示、主觀臆斷等反理性因素作為確認案件事實的根據，使裁判建立在客觀實在、理性討論的基礎之上。證據裁判主義的對立面，是根據證據以外的因素認定案件事實、作出裁判，諸如以神意、長官意志、民憤、直覺等為裁判根據，皆可納入它的麾下。

在司法中，屬於檢察官、法官自由裁量範圍內的事項，如起訴與否、量何種何等刑罰，斟酌民意無可厚非，不必大驚小怪，如鑒於某一犯罪影響惡劣，檢察官選擇起訴、法官處以重刑，於理於法皆無違背；但並非所有事項，皆應為民意所左右，例如在法律羈束事項內，是否有罪，就不允許以民意主宰司法。

以民憤為審判考慮的要素，須注意是否與此原理相悖及、是否可能造成對被追訴者不公的局面。古代之死刑案件，宣判時素稱「不殺不足以平民憤」，實以民憤為判決死刑考慮之要素。然而民憤有無、民憤大小，皆毋須透過驗明，皆憑法院之「自由心證」也，就頗不足取。

孟子曰：「左右皆曰可殺，勿聽；諸大夫皆曰可殺，勿聽；國人皆曰可殺，然後察之；見可殺焉，然後殺之。故曰：『國人殺之』也。如此，然後可以為民父母。」（《孟子·梁惠王下》）陳立夫在《四書道貫》中解釋說：「殺一無辜，可能失去民心，也可能引起戰爭，故必須詳細審慎。縱使左右皆曰可殺，諸大夫皆曰可殺，猶不能作為最後決定。必須國人皆曰可殺，再經過詳察而後依法殺之。如是，則出之民意而無怨，其慎重如此。」實際上，這裡強調者，在於國人皆曰可殺，並非就坡下驢立即殺之，還要「察之」，察然後可殺者殺之，不可殺者仍然不殺，豈能以民意為裁決的唯一依據？

蓋因司法僅以法律馬首是瞻，不可依從民憤。群眾易感易

動，理性不足，以其情緒為裁判基礎，容易作出錯誤判決。法國人勒朋（Marine Le Pen）曾謂：「茲應知者，群眾無理性，務簡單，易受感奮，輕於信從而已。」、「群眾既易感易動，故人得易操縱之。夫以感奮奉諸凱旋臺（Capitole）之英雄，亦可因感奮為投達便岩（Roche Tarpéienne，古羅馬投罪人之所，在凱旋臺之旁）之罪犯。羅伯別爾（今譯『羅伯斯比』）失勢之前，為巴黎平民所尊奉之神；及其赴斷頭臺之時，同一平民歡騰詛詈於其車後。馬拉（Marat）遺骸運至集賢墓（Panthéon）之時，群眾喝彩之聲不絕；數年之後，同一遺骸，為同一群眾擲之於溝渠。」其無理性若此。「群眾既未可以理喻，故引導人就其可感性印感之。若敵手亦用同一方法，則正義操諸呼聲最強而最烈者。」

在審判耶穌過程中，彼拉多看起來似乎無奈。他發現耶穌的罪過並非是對羅馬懷有敵意，因為猶太人對這些人並不憎恨；猶太人憎恨的是耶穌深得民心的行為。耶穌深得民心而為祭司嫉妒，在場的群眾不過是這些祭司挑唆鼓動起來的一群愚氓。彼拉多本來打算釋放耶穌，以取悅愛戴耶穌的群眾，但他顯然被眼前的場面震驚了。群眾也很明察，見他「在情緒上就有了劇烈的變動，立刻願意大喊大嚷，要巡撫刑罰這個自稱為彌賽亞的騙子；他們這種變幻不定的感情，正是一般烏合之眾再造這種環境下所流露的心理狀態。」（《聖經新釋》）為了

「讓眾人喜悅」，彼拉多最終放棄了法官的獨立性，成就了永久的汙名。

可憐的彼拉多！

國情也分好歹

一八三六年，俄羅斯一份雜誌發表了普希金的朋友、禁衛軍陸軍中尉恰達耶夫（Petr Yakovlevich Chaadayev）的哲學書信，信中有一段痛切、犀利的話：

我們的社會教育的最可憐的怪現象之一是：在別的國家，甚至在許多方面都不如我們這樣有教養的其他民族，他們所久已識的真理，在我們這裡卻剛好被發現。這是因為我們一向不跟別的民族一起前進；我們不屬於人類大家族中的一分子……這幾世紀來人類思想的微妙連繫，人類思想在世界上其他國家所達到的今日成就之歷史，對我們都沒有什麼影響。在別的民族久已實現了的東西，在我們甚至目前還只是一種空談，一種理論罷了……某種離奇的命運使我們同全世界的人類生活絕緣；為著要趕上別的民族，我們就必須「從頭再受過人類的一切教育。我們眼前就有各民族的歷史和各時代的運動的成果可以借鑑」。

第一章　正義的圖騰

　　這段文字，驚世駭俗。當初由於發表了這些書信，「最善意的」沙皇政府宣布恰達耶夫為瘋子，封閉了該雜誌，將編者放逐，反倒證明恰達耶夫所言不虛。

　　聽了恰達耶夫的話，想必大家也會訝異，因為「天朝」所患的病，正與恰達耶夫的俄國相同。

　　在近代史中，有天朝大國意識的中國人，對待外來因素常常表現出非理性的厭惡情緒，查爾斯・塞諾德曾說：「東西兩方文明接觸之時，以為兩方必能建立親善之關係，然歐人與華人之間似有不共戴天之仇。所有構成歐洲文明之偉大事物，如科學藝術宗教，皆非華人所願接受，至少其理解此類文明與吾人絕對不同。又華人有似故步自封，只願保守其祖宗之習俗者然。華人見歐人之來深為疑懼，視之為邪惡之蠻民及騙子。」其實，不獨中國如此，其他國家有時也表現出同樣心態，例如盧卡奇・格奧爾格（György Lukács）曾經指出德國人的文化優越感：「妨礙民主傳統，在德國產生的一個重要的思想障礙，就是越來越激烈的對德國歷史重大偽造。但在這裡我們也不可能詳盡指出這些細節。簡單來說，問題就在於把德國發展的落後一面加以理想化和『德國化』，也就是在於一種對歷史的描述，這種描述恰恰是把德國發展的落後性質作為特別光榮和特別符合『德國本質』的東西來加以頌揚，把一切資產階級民主與革命發展的原理與結果，作為非德國的和與德國『民族精神』

的性質相矛盾的東西加以批判和拒絕。」這正是德國在二十世紀上半葉走向反理性的表現和原因之一。

在中國，甚至表現出美化落後的傾向和表現，辜鴻銘之讚美小腳就是如此。因此，求得政治制度、法律制度、經濟制度等的進步，「必須有允許文化有多元並存而發展的開放心胸。」（殷海光）不能抱殘守缺、敝帚自珍。

有知名學者對官方在討論各種社會問題時的種種直覺的反應進行了辛辣的批評，那些直覺反應實際上反映了近代以來中國人對於外來事物的典型態度：

常出現的反應，尤其來自官方，是說：「那是西方的，不合國情！」這「不合國情」是個很重的大帽子，一方面罵人家崇洋，一方面罵人家不切實際，一方面也擋住了改革的呼求。什麼建議或觀念，只要加上「西方」的標誌，就容易以「不合國情」來打發掉。而事實上，凡是「西方」的，不一定就「不合國情」，「不合國情」也不表示不能做。公德心不合國情吧？我們要不要公德心？近代民主是外來的，我們要不要民主？守法似乎也不合國情，我們要不要守法？

近現代的發展是外生因式的發展。外生因式發展面臨著更多選擇機會和對比資訊。在選擇中會發現，解決同一問題的先進制度可能不只一個，先進制度也不一定完美無缺。在制度選擇過程中，制度本身存在的優點和弊端是選擇時主要考量的

對象；同樣，一項制度被引進後的適應性也很重要，國情為這種選擇提供了另一重要的參照系。在選擇時，不能全然不顧本國、本民族文化提供的可行性，而進行空中樓閣式的設計。否則，一個絞盡腦汁設計出的完美的制度，可能會在實踐中折戟沉沙。一項好的制度，可能因司法資源的不足而難以推行；或者因民族特質而減弱在保障司法公正方面的作用。因此，國情中某些特殊因素，可能導致一些制度在借鑑中不被選擇，或者需要改造成為更具適應性的制度。

另一方面，國情有好有壞。對於好的一面應當有充分認識，孟德斯鳩在談到法國的民族性時，曾經感慨法國人的妄自菲薄：「我說他們藐視一切外國的東西，僅指無關緊要的小事；因為在重要事物上，他們似乎不信任自己，一直到妄自菲薄的程度。」這個歐洲最古最強的王國，十幾個世紀以來，被不是它自己制定的法律統治著，如果法國人曾經被征服，那倒不難理解，但是法國人卻是征服者。他們放棄了古舊法律，那是他們歷史中最早的幾個國王在全民大會中制定的。他們採用羅馬法代替自己的古老法律，可是部分制定、部分編寫羅馬法的皇帝們，正和他們自己的古老的立法者們是同時代的人。「並且為了完全採用外來事物，為了使他們的正常情理也來自他處，他們採取了教皇們的所有憲章，作為他們自己法權的新規章：這是一種新的屈辱。」不過，對於國情中不好的一面，應有

更為清楚的認知，北洋艦隊的兵勇可以將洗過的衣服晾曬在炮筒上，也表現了一種國情，恰是需要改變的國情。美國學者明恩溥，即阿瑟·亨德森·史密斯博士（Arthur Henderson Smith）一八七二年來到中國，立足於山東與河北交界的龐家莊傳教二十二年，對中國的文化社會進行了深入觀察和研究，著有《中國人的性格（*Chinese Characteristics*）》等書。魯迅曾評價該書：「我至今還在希望有人翻出史密斯的《中國人的性格》來。看了這些而自省、分析，明白哪幾點說得對，變革，掙扎，自做工夫，卻不求別人的原諒和稱讚，來證明究竟怎樣的是中國人。」史密斯在《中國人的性格》一書中提到，中國人作為一個群體的許多弱點，諸如「不講求精確嚴密」，他說：「與其他民族一樣，中國人也可以學習一切精密的科學技術，但是應該注意到，就目前的資格來說，中國人精確嚴密還幾乎是一個空白。他們根本不理解精確嚴密的重要性。」、「讓中國人理解我們西方人精確嚴密的思考作風幾乎不可能。」他還舉例說：「對有關『國情調查』之類的表面上看來具有無上權威的種種紀錄，我們必須擠出他們的水分才能有所收穫。」這一特點也是國情，我們有必要遷就、保藏這樣的國情，甚至使之發揚光大嗎？

孟德斯鳩

　　國情不是宿命，它是變量而不是恆量，隨著文化的發展和社會的變遷而發生變化，一項新的制度可能會促成這種變化。在對外來制度進行借鑑中，不能將國情作為靜止不變的宿命來看待，使國情成為排拒外來因素的廉價藉口，從而放棄了後進者的特權。中國在二十世紀初確立檢察制度時，就有論者以「與國情不合」為由加以反對，然而確立之後雖有坎坷，畢竟暢行無礙於今日。這說明，將國情作為選擇的標準，應當對國情本身加以精密研究，不能將既存的一切不分良莠、一概視之為不可動搖的神聖之物。

新威權主義的法制

　　威權主義，是「以個人權利臣服於國家及其領袖的權威為基礎的一種社會—政治體制」（阿瑟・S・伯雷）。傳統的威權主義以外，有新威權主義（neo authoritarianism），主張實行政治上專制而經濟上自由的政策，這種政策據稱展現了亞洲價值，是亞洲國家經濟發展的成功模式。新威權主義或者說亞洲價值觀塑造的社會是效率取向的典型模式，可以被描述為「敬重當權者和願意為了社會的利益犧牲個人利益」，其經濟特徵被形象描述為「英明的政府官僚確定路線，而敬重當權者的勤勤懇懇的工人則辛勤勞作，創造國家財富」。

　　新加坡前總理李光耀鑄造的新加坡模式，力求為亞洲價值觀建立一個成功典範。李光耀十分強調秩序，認為亞洲國家關心政治穩定，亞洲人民需要政府維持社會秩序，還認為新加坡這樣的國家，成功的要素首先在於一個穩定的政治局勢；其次是「有幹勁，願意付出代價，而又受過良好教育，並且訓練有素的人口」。「沒有穩定的政局以及合理和現實的政治領導，那就不可能談到經濟發展」。因為「在混亂的政治局面下，要爭取那些教育水準不夠的人民支持，往往得靠情感，而不是合理的辯論。結果，選出新政府之後，它也無從兌現所許下的諾言。人民在失望之餘，暴力行動就發生了」。李光耀將政府建構的價

值取向概括為廉潔、公正和效率。他認為有效率的政府的工具「是足夠的受過訓練的行政人員、工程師和技術人員；是足夠的資金，是少有的工藝方面的專門人才」。

李光耀對反對黨頗有微詞，他認為反對黨頑強好鬥、吹毛求疵，總是提出根本辦不到的主張，引起更多幻想和造成混亂，他說：「一個反對黨對於良好的政府來說，是沒有什麼不同的」。李光耀指出沒有領袖能夠保持軟弱作風的同時希望能夠生存，他說：「我要說的是，無論領導作風如何，有時是有必要揮動大棒」。「我從來沒有忘記這一點，有不良企圖的人只對懲罰感到害怕。當他們認為你無法對付他們時，你就經常被迫施以懲罰」。李光耀支持一九八七年拘捕「馬克思主義陰謀分子」和一九八八年重新拘捕其中多人，支持限制《亞洲華爾街日報》、《遠東經濟評論》以及《亞洲週刊》的銷售量，因為這些刊物「干預新加坡的內政」。

在集體利益和個人利益的關係上，李光耀告誡新加坡人：「我們必須養成習慣，先照顧集體利益，然後才照顧個人利益。」李光耀還多次強調嚴密的法律才能產生井然的社會秩序，為了維護秩序，新加坡以公共安全法令拘捕政治犯和以刑事法律臨時條款對付「私會黨徒」，他特別強調新加坡所處的社會和政治情況，使其認為有必要擯棄宣揚個人自由的英國司法模式。為了維護秩序，在某些形勢、範圍內有必要離開一些司法常規，

「特別是一些有關個人自由的原則。」李光耀還提出「治安法紀重於民主」、「好政府比民主人權重要」的口號，提出亞洲社會從未把個人價值放在社會的利益之上，社會始終比個人重要。他還援引倫敦《經濟學人（*The Economist*）》的話說「民主的前途還有待證實」。

新加坡模式被認為是成功模式，新加坡由一個小島國變成世界上最有活力的貿易與金融中心之一，這一經濟上的奇蹟，使人們對它的批評黯然失色。

對新加坡的批評主要集中於民主、人權方面，旅居歐洲的臺灣作家龍應台曾經撰文指出，新加坡的文化價值並不代表整個亞洲的文化價值，亞洲也有多種文化之間的豐富差異，不應被單一化、刻板化、集體化。「歐洲人注重自由與個人人權，亞洲人強調和諧與集體利益」不是一個蓋棺論定的真相，即使真的蓋棺論定，也不應該是、必須是新加坡（亞洲）人繼續追求的前景。她還提出「自由與安全是否絕對矛盾」，宣稱「給我再高的經濟成長、再好的治安、再效率十足的政府，對不起，我也不願意放棄我那一點點個人自由與尊嚴」。龍應台舉例說明新加坡的司法狀況：「客座於新加坡大學的美國教授林格爾，因為在《國際先驅論壇》上批評了新加坡的司法制度，惹得警察上門，訊問了九十分鐘。林格爾立即辭職回美，事後對媒體說，他不敢留在新加坡，怕被逮捕。」

第一章　正義的圖騰

　　趨勢預言家約翰・奈斯比（John Naisbitt）稱：「亞洲將成為世界的主宰地區，無論是經濟上、政治上還是文化上。」但亞洲金融危機和印尼蘇哈托（Suharto）下臺，使西方一些學者認為，雖然下個世紀亞洲將繼續發揮巨大和至關重要的作用，但「從根本上說，舊的亞洲成功模式已經可悲的失敗了。」亞洲一些國家的政府領導人仍然聲稱那些所謂的特別的亞洲價值觀念，是推動經濟的強有力的動力，實際上它們是觸目的缺點，對經濟發展造成阻礙作用。特別值得注意的是，「關於『亞洲價值觀念』的爭論往往成為獨裁政府存在的一個現成的藉口」，成為剝奪公民基本權利的掩飾之詞。

第二章　站起來的我們

　　啟發民智一直是現代化不可忽視的問題，與愚民政策正相反，實行愚民政策需禁錮思想，禁錮思想則民眾庸懦，其結果是民眾有信仰無理性，國家強社會弱，自由民主精神不能伸張。對於這一狀況，解決之道便在於啟發民智，解放思想。

第二章　站起來的我們

喪鐘為誰而鳴

讀小說，對於報喪，印象最深的是《紅樓夢》。《紅樓夢》第十三回敘道：已交三鼓，王熙鳳方覺睡眼微朦，恍惚看見秦可卿，言語一番，秦可卿說了些「月滿則虧，水滿則溢」、「樂極生悲」、「樹倒猢猻散」的話，說得鳳姐「心胸不快，十分敬畏」。說話間「只聽二門上傳事雲板連叩四下，正是喪音，將鳳姐驚醒。」原來逝去的正是秦可卿。用來報喪的，是傳事雲板。連擊四下，表明有人去世。

舊時西方報喪，多用喪鐘。

英國詩人約翰・多恩（西元一五七二年至一六三一年）有一首詩提到喪鐘，頗有名氣，大意是：

沒有人是一座孤島，

可以自全。

每個人都是大陸的一片，

整體的一部分。

如果海水沖掉一塊，

歐洲就減小，

如同一個海岬失掉一角，

如同你的朋友或者你自己的領地失掉一塊：

任何人的死亡都是我的損失，

因為我是人類的一員。

因此，

不要問喪鐘為誰而鳴，

它就為你而鳴。

此詩還有舊體漢詩譯法，對比來讀，頗覺有趣，恭錄如下：

人非孤島孑然立，

都與神州合而一。

土隨水去地基小，

山平宅沒大陸低。

人若亡故我亦少，

我與人人共一體。

若聞喪鐘何須問，

為人也是為你擊。

這首詩雖然簡短，但含義深刻，表達了一種悲天憫人、推己及人的人生態度。海明威喜愛這首詩，把它放在自己一部小說的正文之前標明主題，小說也用詩中的一句話作為書名：for whom the bells tolls（喪鐘為誰而鳴，臺灣譯為戰地鐘聲）。小說的背景是西班牙內戰，當時美國志願者羅伯特·喬丹奉命去炸毀一座橋，書中描寫了三天內發生的故事。《戰地鐘聲》是海明威最長的一部小說。

第二章　站起來的我們

　　數月前，偶然看紀錄片《喪鐘為誰而鳴：遠東國際軍事法庭審判紀實》，該片根據梅汝璈一九四六年遠東國際軍事法庭審判的日記製作，使用大量影像資料，拍得相當成功。幾年前我讀梅汝璈《遠東國際軍事法庭》一書，感到大有收穫，今日得睹記述遠東國際軍事法庭審判的影像資料，當然倍感興奮。不過，片名《喪鐘為誰而鳴》卻讓我頗感驚訝，如鯁在喉。我覺得用「喪鐘為誰而鳴」當片名，是不恰當的。

　　據編導者自己講：「對於這部紀錄片的片名，考慮再三，最終還是採用了最初《探索‧發現》主編盛振華提議的名字：《喪鐘為誰而鳴》。」、「之所以採用這個片名，是因為我自己本來就非常喜歡這個名字所隱含的意味。」可是，它究竟隱含了什麼意味呢？這位編導語焉不詳。

　　其實，這是錯用典故的典型一例，非常礙眼。

　　「喪鐘為誰而鳴」這個短語，已經成為西方社會許多人熟悉的典故，甚至成為一句成語。它含有悲天憫人的意味。王小波〈從 Internet 說起〉一文揭示：「海明威在《喪鐘為誰而鳴》中說過這個意思：所有的人是一個整體，別人的不幸就是你的不幸。所以，不要問喪鐘是為誰而鳴 —— 它就是為你而鳴。」也就是說，整個人類是命運共同體，別人的不幸就是你自己的不幸，這就是約翰‧多恩（John Donne）這首詩的主旨。詩寫得並不晦澀，不太容易產生歧義。

電視臺曾經播出一期節目，主持人評述倫敦爆炸案：「倫敦人哀而不傷、面對生活的勇氣確實很了不起。可能有人覺得倫敦的事情跟我們毫不相關，但是別忘了，恐怖主義是全人類共同的敵人，所有的死難者都有可能是代替你我而死難的，讓我們重溫英國詩人約翰‧多恩那句話：不要問喪鐘為誰而鳴，它就為你而鳴。」這裡引用約翰‧多恩的詩句就十分貼切。

紀錄片《喪鐘為誰而鳴》選用這個名字，卻不倫不類。該片反映東條英機等大日本帝國的戰爭發動者被遠東國際軍事法庭審判，其中一些人最終被判處絞刑，得到應有的懲罰，怎麼能用約翰‧多恩的「不要問喪鐘為誰而鳴，它就為你而鳴」來表達主題呢？

編導者在一本與電視片同名、講述這部紀錄片內容和製作過程的圖文並茂的書中，談到約翰‧多恩的這首詩，說：「在這首詩歌中，似乎讓我們隱隱觸摸到一種異乎尋常的博大與深邃，而且更蘊含了對人類生存狀態氣質非凡的警醒。」這話真叫人丈二金剛摸不著頭腦：這麼明白曉暢的詩，本用不著「隱隱觸摸」，用「喪鐘為誰而鳴」作一部描述遠東國際軍事法庭審判過程的紀錄片片名，讓人覺得編導者沒有弄清楚它的確切含義。

初看這個片名，我以為編導者大概是要用「喪鐘為誰而鳴」表達遠東國際軍事法庭審判為日本軍國主義敲響了喪鐘的意

思，至少給觀眾之一的我以這樣的印象。如果確實如此的話，
倒不如用「帝國的喪鐘」作為片名，倒還貼切些。

[原詩]

No man is an island，

entire of itself；

every man is a piece of the continent，

a part of the main.

If a clod be washed away by the sea，

Europe is the less，

as well as if a promontory were，

as well as if a manor of thy friends or of thine own
were：

any man's death diminishes me，

because I am involved in mankind，

and，therefore，

never send to know for whom the bells tolls；

it tolls for thee.

公民學

　　曾經讀到一本美國出版的《公民學》課本，圖文並茂，文字卻很淺顯，分若干章，包括學習有關公民的知識、國會、行政機關、司法機關、州與地方政府、權利與義務、政治運作、我們的經濟制度等，後面還附有《獨立宣言》和《美利堅合眾國憲法》。這類初級讀物在許多國家是很常見的，其要旨在於讓公民了解自己的權利、義務和所在社會的政治、司法、經濟制度，培養公民意識。

　　公民意識是一種現代意識，是在憲政體制下形成的具有普遍性的民眾意識。這種意識展現為將自己和他人視為擁有自由權利的人，有尊嚴、有價值，並且能夠勇於維護自己和他人的自由權利、尊嚴和價值，這種意識還包含公民對於國家和社會的責任感，但這種責任感來自權利本位而不是義務本位的政治與社會倫理觀念，這是一個自尊和得到社會尊重的人的責任感，不同於奴化的人參與國家和社會事務的迫從感。德國法學家拉德布魯赫（Gustav Radbruch）在談到審判公開性時曾說：「民眾對法律生活的參與會產生對法律的信任，對法律的信任同時又是他們主動參與這類活動的前提」，「這曾是一個美好的夢想。《羅馬法》的侵入給我們帶來較其他地區更為恐怖的『法律與民眾間的異化』，只能用一種方法消除：我們學校中的公民

學。聯邦憲法規定，公民學是學校中的一個課目。最終實現這一規定，是我們人民最根本的需要。」

　　啟發民智一直是現代化不可忽視的問題，是與愚民政策正相反的做法。實行愚民政策需禁錮思想，禁錮思想則民眾庸懦，其結果是民眾有信仰無理性，國家強社會弱，自由民主精神不能伸張。對於這一狀況，解決之道便在於啟發民智，解放思想。

　　由於民眾的民主素養和政治辨識能力對於國家的民主制度具有重要意義，美國學者將公共教育制度和選舉權列為民主政府的兩大支柱，透過公共教育制度使國民懷有「國家乃是為了最大多數公民個人的利益而存在，而不是個人為了國家的輝煌而存在」的信念，使他們認識到政府的基礎在於大多數公民自由表示接受的法律原則和政治習慣、政府官員必須遵從這樣的法律原則和政治習慣以及透過自由選舉表達的大多數公民的意志、法律面前人人平等、憲法保證個人和少數派團體的權利和自由，使其不受政府機構和多數派團體的損害。人民有了這種意識，民主政府的大廈才不會傾頹。

　　在司法領域，具有公民意識的大眾的實際參與，是司法取得民主性、公正性結果而不流於形式的重要環節。司法民主的重要表現，是實行陪審或者參審制度，允許民眾直接參與司法審判。這些機制的良性運作是以公民的社會責任感為條件的。

公民不關心社會正義在司法領域內的實現，不關心自己的自由權利，或者只關心自己的自由權利而不能推己及人地關心他人的自由權利，司法民主就會逐漸萎縮、凋零。所以，運作良好的司法民主的機制，一方面需要有這種意識的大眾參與；另一方面也具有培養或者強化公民這種意識的能力。民眾參與司法的機制建立以後，倘若民眾缺乏權利意識，不但不能成為權利與自由的保障，造成對司法機構制約的作用，反而成全了一股來自民間的壓迫力量。因此，公民意識的培養，對於司法民主和公正具有重要的保障作用。

關心司法民主和公正者，安能不重視公民意識之培養？

法律沒有說

法律沒有說（授權）的，就是禁止國家機關去做的；法律沒有說（禁止）的，就是允許個人去做的。這在許多國家本來是家喻戶曉的道理。早在一七八九年八月，法國人就在《人權和公民權宣言（Déclaration des Droits de l'Homme et du Citoyen）》第五條明確規定了這個原則：「法律僅有權禁止有害於社會的行為，凡未經法律禁止的行為即不得受到阻礙，而且任何人都不得被迫從事法律所未規定的行為。」往上看，還有一條：「自由就是指有權從事一切無害於他人的行為。」也就

是說，自由不是絕對的，它的界限在於「無害於他人」這一戒律。但「各人的自然權利的行使，只以保證社會上其他成員能享有同樣權利為限制。此等限制僅得由法律規定之。」

英國學者 A.J.M. 米爾恩（A.J.M.Milne）亦言：「政府是根據實在法而建立，其權力也來源於此，政府和被統治者在道德上都受『法律規則』的約束。」、「由於政府受『法律規則』支配，它維護和促進共同體利益所採取的手段，必須是法律授權的。」無論怎麼說，這其中包含的道理很簡單：政府的權力是有限的，法律賦予政府什麼權力、權力的範圍如何，應有明確的規定，只有這樣，權力才不至於被濫用。

個人自由則不然。人的自由有三種，一是理性思考、綜合說話能力等，這種自由是人類特有的，是「天生的自由」；二是與智慧和美德相連繫的自由，只有在其個人發展過程中已經獲得了一定程度的美德和智慧的人才擁有這種自由；三是環境的自由，每一個人對這種自由的擁有情況會因時因地而有所不同，它完全取決於外部環境對他有利還是不利。自由的最常見的特徵是出於自己的意志進行活動而沒有物質障礙加以妨害，做到這一點，一個人就是自由的，並不需要法律特別賦予其權利。政府對個人自由提供的基本保障就是不去干預個人的自由，只要政府不加以干預，個人自由就可以得到實現。

米爾恩將權力分為監護性（custodial）權力和統治性

（operational）權力兩種，政治權力（立法權、司法權和行政
權之合稱）是監護性權力而非統治性權力，這種權力展現在「法
律範圍內自由」這一原則之中。也就是說，「法律對隸屬於它的
人們的活動加以邊際約束。凡法律沒有作出規定的，人們可以
按照自己的選擇和決定自由行動」。「法律範圍內的自由權，它
只受到服從法律這一一般義務的限制，它也是一種豁免權。你
的行動自由有權不受干涉，只要這種干涉不是法律授權的，這
是政治權力的監護性所固有的權利。」

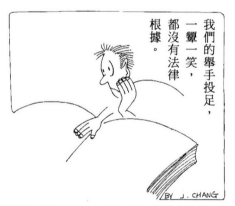

我們的舉手投足，一顰一笑，都沒有法律根據

　　如果法律沒有說，公民就不能去做，那麼，自由就將不
復存在——

　　因為我們的舉手投足，一顰一笑，都沒有法律根據。

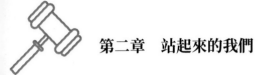

第二章 站起來的我們

無罪推定濫觴於中國嗎？

無罪推定被英國法官譽為「刑網上的一根金線」。

人們公認無罪推定的首倡者，是義大利法學家切薩雷·貝卡里亞（Cesare Beccaria）。一七六四年，貝卡里亞在其名著《論犯罪與刑罰（Dei delitti e delle pene）》一書中提出：「在法官判決之前，一個人是不能被稱為罪犯的」、「如果犯罪是不肯定的，就不應折磨一個無辜者，因為，在法律看來，他的罪行並沒有得到證實」，

儘管如此，另一種可能仍然存在，那就是：中國儒家學說啟發了西方啟蒙思想者，使無罪推定原則得以娩出。美國學者H. G. Greel 曾著有《孔子與中國之道》一書，他在書中指出：「啟蒙哲學與儒學有某些非常突出的相似性，因為它發生在十七世紀和十八世紀之間，而這確實是儒學逐漸有效在歐洲知名的時期，人們勢必要問的是：中國哲學是否啟發了其中某一些歐洲思想？」事實上，在十七和十八世紀，「在德國、英國和法國，有大量的學者、哲學家和政治家受到了中國思想的影響」。「啟蒙運動思想的某些非常重要的方面更接近於儒學，而不是當時的教會思想……這個事實得到了啟蒙運動領袖人物的認可和廣泛聲明。」明顯的傳播途徑是：「耶穌會的傳教士們，他們經歷了最大的困難並懷著無上的才智，終於正好在十七世紀以前獲

准進入中國。這是個有學識的修道會，耶穌會士們利用他們的學識，在中國的文化圈，甚至在帝國朝廷之中取得地位。他們作為天文學家（其中一人擔任副司歷的重要官職）、物理學家、外交人員甚至是大砲鑄工，服務於皇帝。一些人逐漸成為皇帝親近的朋友。他們不僅講中文而且還能用中文書寫。他們也逐漸擁有了關於中國的直接本質性知識，後來的許多學者因此而對中國產生了羨慕之情。他們與本會成員頻繁通信，其中的一些成員在當時的歐洲是最著名的人物。一些這樣的信件出版成書，而另一些則成為著書的根據。」顯而易見，「東方的發現開闊了歐洲人的視野。」

　　李學燈認為，無罪推定很有可能是中國經籍西譯的結晶。《尚書・大禹謨》云：「與其殺不辜，寧失不經。」《書經集傳》解釋說：「謂法可以殺，可以無殺。殺之則恐陷於非辜，不殺之恐失於輕縱。二者皆非聖人至公至平之意，而殺不辜者尤聖人之所不忍也。故與其殺之害彼之生，寧姑全之而自受失刑之責。此其仁愛忠厚之至，皆所謂好生之德也。」李學燈指出：「中國的經籍，引起西方人的重視和深刻的研究，可以遠溯及十六世紀。經籍的西譯，則始於十六世紀之末。《尚書》為五經之一，於一六二六年譯為拉丁文，刊印於世。自是以後，時歷二三個世紀，又有法文、英文、德文諸譯本，層見疊出。」《尚書》的翻譯，在十七、十八世紀已經有多個譯本。「中國經籍

的大量西譯，對於當時思想界必有重要影響。其中《尚書》且經多次翻譯，傳布甚廣。其中極為重要的思想，如前述重大的原則，應有深遠的影響。」、「前述法官的名言，和以後在西方文獻裡表示這些思想所用的詞句，不但在意義上出於同源，而且有些在文字上幾乎完全類似。」

不過，無罪推定與中國經籍西譯可能存在的這種關係，雖然可能性很大，但畢竟缺乏切實的證據，也就只好讓貝卡里亞專美於前。

無罪推定原則在中國近幾十年法學沉浮中命運多舛，一九九六年以來才逐漸被廣泛認同、接受。多年來，無罪推定的反對者把它視為西方資產階級的專利，殊不知它也許正是中國的先賢學說在西方開花結果的產物。

倘若真的如此，倒像是歷史隱去了一段鏈條，開了一場不大不小的玩笑。

跪還是不跪，這是個問題

阿Q是個奴性入骨的人，《阿Q正傳》中寫：趙家遭搶之後，阿Q忽然被抓進縣城裡去了。到得大堂，見到上面坐著一個滿頭剃得精光的「一定有些來歷」的老頭子，「膝關節立刻自然而

然的寬鬆，便跪了下去了。」儘管兩旁的長衫人物都吃喝說「站著說！不要跪！」阿 Q 似乎也懂得，「但總覺得站不住，身不由己地蹲了下去，而且終於趁勢改為跪下了。」引得長衫人物鄙夷似地說：「奴隸性！」

《阿 Q 正傳》讀畢，對這段文字印象很深：在大堂之上，面見老爺，須得採取跪姿，曾是天經地義的事，怪不得沒見過太多世面的阿 Q 即使曉得新法，膝關節也不免有些寬鬆。當時讀到這裡，只覺得阿 Q 愚昧，卻沒有留意這跪與不跪之間，經歷的是多大一場革命。

塑造了中國文學著名形象「阿 Q」的魯迅

美國駐華傳教士何天爵（Chester Holcombe），於一八九五年著有《中國人的本色（*The Real Chinaman*）》一書，書中特別提到「在中國的法庭裡，高高在上坐著的是審判官，其他的官員及旁聽者和觀眾等都要站立著。而犯人和證人則必須雙膝下跪，兩手觸地匍匐在那裡。只要審理尚未結束，他們

就要在法庭上保持這種姿勢。」這種情形在那時的中國法庭習以為常，毫不奇怪。但晚清時中西法律文化的碰撞時有發生，當訴訟中的當事人一方或者雙方為外國人時，這一習慣就立即成為問題。

何天爵記述了這樣一件他親身經歷的事：一八七三年冬季，兩名居住北京的美國人因中國的一位工頭違反合約規定而與其發生爭執，美國駐華使館與總理衙門聯繫交涉後，交由總理衙門的一名官員和何天爵共同審理此案，當事人來到公堂之上，立即出現一個異常棘手的問題，這就是：在法庭上雙方當事人到底應該站著，坐著，還是跪著呢？何天爵主張讓他們都進來坐下算了，孰料中國官員聽罷大為驚駭，堅決主張中國的工頭必須跪伏在地上，而且法庭上雙方當事人要同等對待，因此那兩名美國人也必須跪伏在地上。「在他看來，如果讓原告和被告都大搖大擺走進來，很神氣坐下，他們和自己不是沒有什麼兩樣了嗎？那還有什麼法庭的尊嚴？」但在何天爵看來，讓兩位美國自由公民跪伏在法庭上才是天大的笑話，那兩名美國人都比他還年長，其中一位早已滿頭白髮。他向中國的官員說明，在美國，法官即使向十惡不赦的罪犯問話，也只是讓他站立而不是跪在地上。對於這種有辱人格的要求，根本沒有任何考慮、商量的餘地。經過一段長時間的激烈爭論，最後雙方同意各自按照自己國家的做法行事，於是在法庭上中國的工頭按

照中國官員的要求跪在地上，兩位美國人則站在法庭上……

這真是令人心悸的一幕，如果不是一位外國人記述下來公之於眾，這樁「小事」也許早已隨著歲月的流逝湮滅無聞了。那時的法庭，只知道法庭的尊嚴，卻不知道訴訟當事人的人格尊嚴為何物。中國官員在司法傳統的支配下行事，充滿自信堅持自己的要求，直到不得不作出讓步，他做錯了什麼呢？那位跪著的工頭也夠可憐的，他是否知道在其他國家的法庭上，他可以像那兩位美國人一樣以自由公民的身分被尊嚴對待，堂堂正正站著？

文明與野蠻就這樣對比著，展現在同一個法庭不大的空間內，這樣近，又這樣懸殊，使變得文明了許多的我們回過頭來感到震撼不已，我們真切知道讓我們的國民在自己國家的法庭上站起來，有著多麼異乎尋常的意義。

也許，我們從此可以變得更聰明一些，知道在今後的司法改革中該堅持什麼，又該改變什麼。

主宰與敬畏

地位不同，職業不同，人心亦各個不同。

有一些地位、有一些職業，容易催生驕橫的心態。

第二章　站起來的我們

　　不同地位間，「長官」的頭銜容易產生驕橫，自不待言。君不見官場，一位前幾天還有說有笑跟大家打成一片的人；一接到政府的任命，就搬進寬大、獨自享用的辦公室，說話的口氣也開始變自大，祈使句就成了習慣用法。從開始發號施令的那一天起，他就不再是那個大家能隨便開玩笑的人了。對他，人們會很自然生出幾分敬畏，原因很簡單，我們的仕途還操縱在他手裡呢，何必拿自己的前程開玩笑？

　　長官日日享用充滿敬畏感的人們的拱衛，日日用對方謙卑的笑容來滋養自己的心情，自然會產生一種主宰感，驕橫就在這一過程中生根發芽、開花結果了。

　　在不同的職業裡，「警察」最容易萌生驕橫。警察可以個個稱作「警官」，警而為長官，甚是了得。君不見，穿上警服之前，說話和氣、態度謙遜的有很多；一旦做了警察，說話就開始變得生硬，做事情就開始異常「果斷」，脾氣漸長，「逆麟」就開始不能摸。辦理案件的警察，整天面對的嫌疑人都服服貼貼，黏土一樣，想怎麼捏就怎麼捏，命運似乎完全掌控在辦案人手裡；面對的如果是交通違規者，對方也大多笑容可掬，賠盡小心，好話說盡，讓辦案人臉上雖然繃著，心裡卻是受用不盡，敢跟警察叫板的有幾人？

　　對方的命運掌握在自己手裡，這種感覺就是主宰感，這自然是一種很過癮的感覺。時間長了，就養成一種職業心

態：驕橫。

驕橫心態遭受挫折，往往出現強烈反彈，瘋狂就立即取代理智。正是這個原因，「好警察」打死「好警察」的驚人血案就隆重上演了。在這個案件中，死的是警察，打死人的是警察，彼此都不知道對方是警察。一個警察受了委屈，嚥不下這口氣，於是就斥責，就謾罵。從前又有一起轟動一時的新聞：一群刑警暴打交警。聯想媒體多次報導過的，有警察在非履行職務時被惹惱，拔槍向對方，當頭或者當胸就是一槍 —— 某些警察怎麼就那麼讓人惹不起？

我們都願意相信，這些事件，只是個人的極端情緒反應，並不是警察群體心態的浪花。我們也都樂於相信警察絕大多數是好的，不好的只是一小群，但我還是想怯生生提醒一句：警察這種職業很容易使人驕橫，最好想辦法不讓這種驕橫潛滋暗長，乃至毀物傷人。

其實，警察並不是天生驕橫的動物，老舍《我這一輩子》中的警察還受氣呢！

法治成熟的社會，警察和藹謙遜，沒什麼架子。香港做過一期節目，還專門談到美國、香港的警察在開罰單時被違規司機叫罵，以冷靜態度維護了警察尊嚴，令人印象深刻。

事實上，任何一個國家或者地區的警察，大多數時間面對的都是平民。在平民面前，主宰感很容易生長。但許多文明

第二章　站起來的我們

國家的法律，注重對國家權力加以抑制，警察受到的監督很嚴格，一旦侵犯個人自由、權利，往往受到懲戒，甚至惹上官司。這種社會中的警察，主宰感很難發育，文明的形象也就順理成章形成了。

反之，如果法律注重國家權力酣暢淋漓的行使，卻對於抑制國家權力規定不足，致使行使國家權力的人缺乏有效制約；在國家權力執掌者面前，個人權利不能伸張，侵犯了個人自由、權利也往往得不到制裁，對個人自由、權利的敬畏感就無從培養，官威就會特別膨脹，主宰感在官員的意識中就會盤踞不去。

要消除警察的驕橫，藥方便是：將主宰感轉化為敬畏感。

從主宰感到敬畏感，這條路走得通嗎？

點名撞見「鬼」

武陵溪先生著《孔子離婚及其它》一書，書中記載這樣一個故事：民國時期，曾有檢察官到監獄中清點人數。他拿著花名冊點過一遍以後，發現有一個人沒有點到，於是又點一遍，還是沒有點到，定睛一瞧，那人白髮白鬚，不禁驚駭起來，以為那人是鬼。斗膽一問，才知道原來是前清時縣太爺家的一個僕人，因不慎打破一把茶壺，縣太爺沒想對他怎麼樣，倒是太太不依不饒，非要把他送進監獄。縣太爺見太太發威，拗不過她，就將這個僕人關起來，遂了太太的意。沒想到這一關就到了民國，要不是檢察官來查監，還不知道什麼時候重獲自由。武陵溪不禁嘆道：為一把茶壺，何至於此？大清之該亡，由此可見一斑。

今日之檢察官讀這個故事，可以有另一番思考，那就是檢察官在嫌疑人被拘捕羈押後，可以發揮保障個人自由的作用，以及怎麼發揮這樣的作用。

對於任何人來說，人身自由的重要性都僅次於生命權與健康權。可以說，人身自由是個人所享有的各種自由中的基本自由，是實現其他自由的前提。正是因為這個緣故，人身自由權早已成為一項憲法權利，並且在無罪推定原則之下，即使被指控有罪，未經法院依正當程序確定有罪，除非必要，也不應剝

75

奪一個人的人身自由。國家固然擁有為制止和追究犯罪而實施逮捕的權力，但逮捕必須依照法律確定的根據和程序，不能有隨意性，而且一旦發生錯捕應及時補救。這種觀念在法治成熟的社會十分強固，美國學者彼得‧斯坦和約翰‧香德在《西方社會的法律價值（ *Legal Values in Western Society* ）》一書中這樣說：「無罪推定原則要求不得剝奪處於審理過程中的被告的自由，除非有迫不得已的理由。」

在近現代社會，對人身自由的保障，是透過限制政府權力來達到的。在司法與行政分立的條件下，除了發生緊急情況，對人身自由的剝奪要由司法機關決定。警察機關擁有偵查犯罪的權力，如果再執掌與司法相同的權力的話，就會形成行政極權，對公民個人的人身自由產生莫大威脅，因此，對於人身自由加以剝奪的權力，是不能讓渡給行政機關的。不僅如此，在案件發生後以及訴訟過程中，雖然司法機關決定對涉嫌犯罪的個人加以羈押，但羈押並非沒有期限，解除羈押一般也不是行政機關可以自行決定的。延長羈押以及解除羈押，都應當申請原決定機關作出延押決定或者解除羈押的決定，這一做法展現司法權對行政權的制約。

在中國，在這一點上制度設計存在的疏漏，似乎最近才被注意到。

中國刑事訴訟制度中，逮捕就意味著羈押，逮捕與羈押沒

有截然分開。在偵查階段，檢察機關承擔著對警察單位提請批准逮捕的批准權，對於自己認為應當羈押的人也擁有決定逮捕的權力。一旦由檢察機關批准或者決定逮捕，延長羈押也要依法經過檢察機關或者上級檢察機關批准，但對於解除羈押，卻沒有必須經由原批准機關決定的法律規定。在這個環節，檢察機關對於警察單位申請延長偵查羈押期限的，缺乏優良的機制啟動適當調查，容易成為申請延押的橡皮圖章；同樣糟糕的是，對於不應解除羈押的，警察單位若將其釋放，檢察機關難以監督並適時加以糾正。

這就需要裨補闕漏，完善相關制度，諸如：

對於逮捕，被羈押者及其聘請的律師提出異議的，對於該異議，必要時可組織聽證會，聽取警察單位和被羈押者及其聘請的律師的意見，並調查相關證據或資料，檢察機關在聽證基礎上作出決定。

對於取保候審申請，同樣推行聽證制度，以聽證會的形式聽取警察單位和取保候審申請者的意見，檢察機關在聽證基礎上作出決定。

對於延長羈押，必要時也應當採取聽證會的形式，聽取警察單位和被羈押者及其聘請的律師的意見，檢察機關在聽證基礎上作出決定。

對於偵查羈押期限屆滿，警察單位沒有申請延長羈押期限

的，檢察機關應當監督釋放被羈押人。警察單位可以將羈押改為取保候審或者監視居住。羈押期滿而沒有釋放的，檢察機關應當簽發解除羈押通知書（停止羈押令），通知警察單位釋放被羈押人。

對於偵查羈押期限屆滿，警察單位沒有申請延長羈押期限而釋放被羈押人的，警察單位應當報請檢察機關備案；對於偵查羈押期限未滿而釋放被羈押人的，應當報請檢察機關批准。

此外，中國還應當建立人身保護令制度。人身保護令（habeas corpus）本來是由法院（在英國，通例為高等法院）發出的一種命令。法庭以該令狀限期命令接到令狀的人（官員或者平民）速將他們拘禁的人交予法庭。該制度來源於英國，幾百年前，英國國王有權不經審判將人投入監獄，監禁亦無期限。為保障人民的自由，英國建立起人身保護令制度。按照這一制度的最初要求，監管人員要把被監禁的人帶到法官面前，法官對拘捕他的理由進行審查，如發現拘捕此人的理由不足，法官有權發布人身保護令命令釋放被監禁者。法學家李浩培先生曾評價說：「在現代文明國家中，最有效的保障人身自由的制度，是英國的人身出庭命令（writ of habeas corpus）。」這裡提到的「人身出庭命令」就是人身保護令。許多年來，人身保護狀已發展成為可以用來撤銷違反憲法或基本法的任何監禁的一種補救辦法。目前，許多國家的憲法或其他法律都規定了

人身保護令制度。中國沒有規定這一制度，對於超期羈押的問題，似乎並無行之有效的措施加以遏制（在臺灣，若羈押期滿，延長羈押之裁定未經合法送達者，視為撤銷羈押），確立由法院對逮捕進行司法審查的制度，以便用一種公正、有效而又簡便的方法對侵犯基本人權的行為進行糾正，不失為療病良方。檢察機關建立類似制度，強化對訴訟中非法羈押和超期羈押的監督和糾正措施，也不失為一項不錯的替代措施。

刑訊心理學

西諺曰：「人類一思考，上帝就發笑」。美國學者羅伊・F.鮑麥斯特（Roy F. Baumeister）則說：「人類受難時，魔鬼就會發笑。」不過，我想面對刑訊，魔鬼一定不會再笑。刑訊太多了，要是對每一起都笑一笑，再厚的臉皮都得痙攣。

刑訊為何如此盛行，許多論者不約而同羅列了原因，林林總總，可以擺滿一桌。各種說法都有，最不可靠的是封建時期濫行刑訊之影響。封建時期去今將近百年，即使有影響，也早就沖淡稀釋矣，為何刑訊仍受其影響？其實，刑訊存在的根苗就在制度和人心。刑訊盛行的原因不過是，約束偵查人員的相應制度沒有建立或者不夠健全而已。沒有健全的遏制刑訊的制度，即使未經封建時期濫行刑訊風氣的「洗禮」，刑訊仍然會蔓

延乃至泛濫成災。

　　刑訊本身是一種惡，它是作為一種手段存在的，刑訊的目的是獲取口供來確認案件事實、懲罰犯罪人。問題擺在人們面前：能不能以惡的手段達到人們共同認同的目標？

　　刑訊付出的成本很低，收益卻不小。有了刑訊手段可供隨意施用，便可只稍稍動動力氣、玩玩技巧獲得口供，由此獲得的口供不但可被法官採納成為定案根據，還能引出警察司法機關不了解的事實、未掌握的證據，迅速推進案件進度，何樂而不為？刑訊者為自己的惡行付出代價的少之又少，久而久之，自然會強化辦案人員依賴刑訊的心理，使刑訊一發不可收拾。

　　羅伊・F. 鮑麥斯特在其著作《惡——在人類暴力與殘酷之中（*Evil: Inside Human Violence and Cruelty*）》中深入分析了「惡」的根源，對我們探求刑訊行為的心理原因頗多啟發。他指出：「惡的第一根源在它的工具性：它被當作一種手段，憑藉令人反感的技術，來達成為大家所接受的目標。」那麼，為什麼人們要憑藉惡的手段來實現可接受的目標呢？鮑麥斯特認為：那是因為人們認為合理合法的手段不可行，而惡的手段通常比合法手段來得容易，「惡的手段能被應用，是因為人們認為它們比其他手段可能更為有效。」

　　刑訊的確行之有效，至少對於達成刑訊者獲取口供的目的如此。「相信任何人多少能夠抵擋得住嚴刑拷打是幼稚的：在

痛苦和傷害的無情襲擊之下，身體幾乎不可避免崩潰，受刑者於是希望合作。隨後便開始了一種殘酷的遊戲：拷問者不會告訴受害者招供哪些東西（因為他們自認為希望得知真情，迫使別人在一份假供詞上簽字通常不能容忍），但是在得到一份令人滿意的供詞之前不會停止拷打。受害者最終試著去猜測他們需要什麼樣的假供詞，然後開始虛構各種罪行，拷問者將其忠實記錄下來。」

拷問者不知道自己在做一件惡事嗎？不會感到良心過不去嗎？研究刑訊者的心理，才能窺見堂奧。刑訊者施行殘酷行為的安慰，在於一種道德上的優越感：對方是他認定的罪犯，刑訊有著高尚的目的。他們「之所以走向罪惡，是因為良好的、可欲的目標給暴力、壓迫性行為提供了合理性論證。要是人們不相信目的可以證明手段，罪惡也許就不會發生了；要是他們用判斷其目的的標準來評價其手段，罪惡也許會戛然而止。」人們最初也許傾向於「選擇崇高、無可指摘的手段來實現他們的目標。然而遺憾的是，這些手段經常是顯得不夠用、太慢、缺乏效率。前進的道路上，某些事情，或者某些人會成為成功的障礙，暴力則是消除這些障礙的有效途徑。」刑訊者屬於理念型的惡之施行者。理念型的惡不同於工具型的惡，就在於前者相信目的可以證明手段，後者則不認為目的可以成為證明手段正當的證據。

第二章　站起來的我們

　　刑訊者往往把刑訊的被害者視為罪有應得，甚至將被害者物化，即不把他們看作與自己一樣有血有肉、有情感有正常人際關係的人。「如果你的敵人是撒旦，你就不要再去顧慮一般的規則。」

　　有一些刑訊者以虐待為樂。「有跡象表明，虐待之樂與上癮的體驗頗為相似，那是一種越沉溺其中就越渴望得到的滿足。」、「在大多數場合下，刑訊只是警察的例行工作，目的是得到口供。的確，大多數行刑者也是這麼認為的……但是，假如一個人經常行刑，他就會從中發現虐待之樂。一名烏拉圭中尉在接受《國際特赦》雜誌（*Amnesty International*）採訪時說：『相應的觀念（刑訊只是合法目的的手段）消失了，變成為行刑而行刑……變成對囚犯的報復行為。』人們可能會預想到這一點：年輕的新手會顯露出焦慮和不安，有經驗的行刑者卻保持著冷酷和職業化的態度。不過，很明顯，新的行刑者也會隨著時間的推移而變得冷酷和野蠻。」

　　刑訊是一種惡，像所有的惡一樣，它造成這樣的惡果：如果沒有它，也許「人們是懷著強烈、積極的信念終其一生的。他們相信，這個世界在本質上是一塊生活的樂土，生活基本上是公正的，他們也都是會得到善報的好人。進一步來說，這些信念有助於人們獲得快樂和健康的生活。但受苦和遭難削弱了這些信念，使他們很難在社會中得到貫徹。事實上，一些創傷

或者罪行的直接、實際的後果是相對輕微的，而在心理上產生的後果則會無止境延續下去。肉體會很快在遭強暴或遭劫持後恢復過來，但心靈上的創痛會持續很長時間。這些心靈創傷的一個特徵就是，受難者喪失了對這個世界是公平而祥和等等基本信念的信仰，甚而喪失了對自己的信心，自暴自棄。」

也許，我們有必要記住鮑麥斯特的一個斷言，那就是：「為了崇高的目的而訴諸惡的手段，是一種浮士德式的妥協，它往往帶來更多的惡，而不是善。」

公堂上，穿著細事也莫等閒看

人的衣著有符號作用。曹靖華先生寫過一篇題為〈憶當年，穿著細事且莫等閒看！〉的散文，記述的是舊時代「只重衣裳不重人」的現象。這種現象是：衣服將人分等級，人們根據衣著來對人的職業、貧富、個性作判斷，穿著不佳或者不當，會惹來鄙夷、麻煩和晦氣。過去上海人再清貧，也要保持一身體面衣服，每晚疊整齊，在枕下壓出褲線，第二天才能光鮮出去上班或者謀職，實在有其不得不如此的理由。

美國電影《驚悚（*Primal Fear*）》中，庭審前辯護律師會見被告人，一見面就問被告人的著裝尺碼。看此片，大概沒多少亞洲觀眾會注意這個細節；即使注意到了，大概也未必理解：

第二章　站起來的我們

對待一樁謀殺重罪的指控，辯護律師關注這一衣著細事究竟有何奧妙？這奧妙在於：在美國，由於實行陪審團制度，十二個法律門外漢司法理性不足，被告人出庭，不能不穿一身體面衣服，以便給他們留下良好印象；免得讓被告人的不佳形象誤導陪審團，使他們產生被告人有罪的預斷。這就是為什麼在歐美國家的刑事法庭上，被告人往往穿著得體，即使平時衣著隨便，此時也要穿得有模有樣。

倘若把刑事訴訟看作個人與國家的一場爭訟，就不難理解為什麼辯護律師在開庭前，會就被告人的衣著提出建議，甚至為他提供一套合身的體面服裝。一場司法審判，圍繞被告人是否有罪和應處以何等刑罰而展開，對此國家與個人有不同觀點，透過舉證和辯論交由獨立而中立的第三方——法院來裁決。辯護方要透過庭審活動打贏這場官司，或者爭取較輕的判決，當然不能讓被告人穿得像個壞人。被告人衣服穿得讓人一眼看去像個罪犯，這種符號功能對於職業法官和非職業法官，都會造成暗示作用，那就是被告人有罪，故讓出庭被告人衣著體面，是為了避免這樣的偏見。既然被告人受無罪推定原則的保護，就沒有理由讓他在法庭上帶上罪犯的「符號」——穿背面有號碼的衣服、剃光頭、繩捆索綁、戴鐐銬。因此，被告人出庭可以西裝革履，可以手執《聖經》（美國有一起姦殺案件就因被告人手拿《聖經》，而激起被害人父親的憤怒）；並且，除

非他有實際的危害行為或者有確實跡象表明他有發生危害行為之虞，司法審判中不可以給被告人戴戒具。法庭上這些外在的表現，與無罪推定的內在精神相契合。

臺灣在十幾年前，就已有人注意到被告人的出庭衣著。張炳煌曾撰文要求「尊重被告人的權利」。他提到：在臺灣法庭上，被告人穿著汗衫短褲應訊頗為常見，而且在警察偵查破案會上嫌疑人戴著手銬、手拿大字名牌任人拍照，也屢見不鮮。他慨嘆這種情形在歐美是看不到的，在那裡「被告在法庭上則是穿著整齊應訊」。張炳煌呼籲：「在押被告出庭應訊時，則應有儀容整齊的機會」。財團法人民間司法改革基金會所編寫的《司法現形鏡 —— 平民司法 50 問》設問：「為什麼在押（男）被告都要理平頭、穿白內衣，穿的就很像『犯人』，這樣要讓別人覺得他們沒有犯罪都很難，為什麼他們不能穿的和平常人一樣？」對這個問題的回答是：「雖然看起來服裝只是一件小事，但是適當穿著除了可以維護人的基本尊嚴外，也是『無罪推定』的一種表徵。試想法官也是人，看到一方穿著邋遢、平頭、上手銬腳鐐，另一方卻西裝革履，會不會容易有先入為主，認為『一定是他做的！』這種偏見？」

中國之法庭審判，被告人身戴戒具早已司空見慣，儘管最高人民法院早就對被告人出庭是否戴戒具作出過限制規定，但被告人桎梏出庭仍然十分普遍。至於出庭被告人的服裝，更值

得注意。中國刑事審判，在押被告人穿著看守所的「號碼衣」出庭，已成慣例。這種號碼衣一般為黃色，黃色本來醒目，上面還寫有看守所的名稱，看上去十分刺眼。香港作家李碧華撰文說，她曾見廣東中山看守所的在押被告人出庭，衣服上簡寫「中看」兩個字，不由地想起「中看不中用」的俗話，忍不住要笑出來。

不過，在二〇〇三年九月，中國的天津塘沽區法院公布了五十五條具體措施，其中幾項為：法庭審判時，被告人一律不戴手銬、腳鐐；司法警察提解、看押被告人時，要使用告知詞；此外，刑事訴訟中，被告人提出請求的，還應為其提供用於記錄的筆紙以及其他滿足其人格尊嚴的便利條件。

被告人在法庭上穿什麼，彰顯一個國家的司法文明。擁有儀容整齊的機會，應當成為在押被告出庭應訊的一項權利。法庭之上，穿著細事不可等閒視之。當法官、檢察官、律師都穿了法袍或者換裝之後，我們是否也應注意到被告人的出庭著裝？

我們還用「竄至」行文嗎？

移送審查起訴意見書、起訴書和判決書，習慣使用「竄至」一詞來表達犯罪嫌疑人、被告人「去」、「前往」、「到」某一場

所的意思。對於這個表達存在的問題，我們習焉不察，沒有覺得有什麼大不了。

「竄」字用在這裡含有貶義。「竄」，穴下一鼠，有逃匿的意思。按《康熙字典》的解釋，「竄」（去聲）主要有如下義項：一是「匿」、「逃」，例如「抱頭鼠竄」；二是「放」、「誅」，例如「竄三苗於三危」；三是「藏」、「隱」；四是「改易」，人們常說的「竄改」就是取的這個意思。現代漢語中的「竄」字與古義沒有什麼差別，也是「慌亂奔跑，逃走」；「改動、刪改文字」；「放逐，驅逐」等意思。

按照這些義項學究式地審視，會發現，犯罪嫌疑人、被告人為了實施犯罪而去、前往、到某一場所，使用「竄至」一詞是不通的；如果是為了逃避追捕而慌亂奔跑，逃到某一地方，用「竄至」才是貼切的。同樣，「流竄作案」一詞表達的意思，如果不是在逃亡中作案，也與「竄」的本義相背離。

不過，文義通與不通還沒關係，人們一旦習慣這樣用，也就有可能被廣泛認可。重要的是，使用「竄至」一詞表現了對犯罪嫌疑人、被告人的人格蔑視意味。一般人去、前往、到某一場所，就是「去」、「前往」、「到」；犯罪嫌疑人、被告人去、前往、到某一場所實施或者預備實施犯罪，卻是「竄至」，無異於直斥其為鼠輩。

法官：「……竄至……」

這大概就是所謂「寓褒貶於一字」的春秋筆法。

然而，我們有必要做這樣的褒貶嗎？

對人及其存在的尊重，是現代法治的基本精神。在刑事司法中，即便面對的是十惡不赦的罪犯，亦須尊重其人格。在現代法治成熟國家的法庭審判中，檢察官、法官在向被告人提問時溫文爾雅，並不劍拔弩張、咄咄逼人，他們時常以「先生」稱謂那些被指控犯了罪的被告人，這樣的場景給中國觀察者以強烈衝擊，使其感受到一種司法文明的濃厚氛圍。

尊重犯罪嫌疑人、被告人的人格，不是提高了他們的文明層次，恰恰是提高了執法者、司法者的文明品味，展現了刑事司法的文明程度。正如美國聯邦最高法院大法官弗蘭克・福特（Felix Frankfurter）所言：「司法審判要求絕對的平等，『這並

不是出於對被告人的寬容，而是因為文明要求我們尊重任何公民，哪怕是最低賤的公民的尊嚴；這種司法審判提高了我們一切人的地位，而且樹立起一種對政府的信賴的氣氛。』」一場文明的訴訟，不但展現在犯罪嫌疑人、被告人的權利能夠得到切實保障，而且也展現在訴訟語言的使用具有文明的性質。

誠然，不少犯罪嫌疑人、被告人是真的有罪。但是我們指控他們的罪行，不必侮辱其人格。在指控時，訴訟用語應當是文明的。在訴訟中，我們使用準確的法律語言，偶爾也使用帶有感情色彩的字眼，如「殘忍」之類，那是為了昭示犯罪行為的某些性質。但使用「竄至」一詞來表達犯罪嫌疑人、被告人去往犯罪場所實施或者預備實施犯罪的行為卻並非必要，這個詞造成的作用只是對犯罪嫌疑人、被告人人格的貶低，無助於揭示犯罪行為的本質和特徵。

在轉變司法觀念、強調司法文明的今天，還有必要繼續用「竄至」行文嗎？

閱讀妙判

《吏學指南》云：「剖決是非，著於案牘，曰判。」判而成文稱為「判牘」，其文詞稱為「判詞」。古時為官，少不了判案司法。判案司法就要起草判詞，這是與功名攸關的實用之學，

為官的基本功夫。若是實在寫不好判詞，就只好借重師爺，反正不能案子審完就裝聾作啞了事。師爺者，懂得刑名律例之讀書人也，學名是「幕賓」或「幕客」。

古時判詞似無程序要求，但功能特定，總要將官員的判斷形諸文墨。官員文學素養的優劣，直接影響判牘的可讀性。當時兼理司法的行政官員，絕大多數透過科舉考試獲得官職，一般具有較高的文學素養。在容易寫得很乏味的文牘中，喜歡小施雕蟲技藝，這樣寫成的判牘，有的如文末的品題；有的如雅緻的信札；有的雖只寥寥數語，卻切中肯綮，足以釋冤辨誣、懲奸伐惡、化解糾紛，故而這些判牘往往被譽為「妙判」。甚至誘得文學大家蒲松齡也一試身手，做了一系列「擬判」。翻開《蒲松齡集》，便可領略聊齋先生的擬判功夫。

古人下判，舞文弄墨，有時過重言辭文筆，讀來滿眼花團錦簇，目迷五色。不過，也有不少判詞重在將道理講清楚、說明白，今之所謂「說理論證」者也。乾隆年間王又槐論批呈詞，說：「要能揣度人情物理，覺察奸刁詐偽，明大義、諳律例。筆簡而賅，文明而順，方能語語中肯，事事適當，奸頑可以折其心，訟師不敢嘗試其伎。」好的判牘應該達到這樣的標準。

揭示裁判者的心證形成過程

裁判者心證的形成，建立在證據和事實基礎之上。判決書

對於證據和事實，不應簡單羅列而不揭示這些證據和事實之間的內在連繫。所謂「說理論證」，應當以證據為依據加以推論，從而形成認定的事實。易言之，判決之說理論證，表現為對於裁判者心證形成過程的闡述。

判牘還要以事實、證據為憑依。在諸判牘中，時常可見妥帖的論證。如在關於一男子被殺案件的判牘中，承審官顏孝叔指出：「此一獄也，姑無論致命傷痕有額顱、太陽、胸膛、心坎等處，棍傷種種，盡堪立斃，而腦後紫紅，僅居其一也。即本縣簡單，原稱『棍傷者九、拳傷者三、踢傷者四、打倒撞傷者一』，而未有一字及鋤柄傷也。今據招稱吃食確供者，有耳根一鋤柄爾；乃簡單但云『腦後紫紅色，係打倒撞傷』。撞於地耶？亦撞於鋤柄耶？即使撞於鋤柄，然既曰『打倒撞傷』，亦係以腦就鋤，而非以鋤擊腦也明矣。人命以簡而信，乃不憑簡單，而憑痛迫之口供，捶楚之下，何求弗得？……」這一判牘既指出原審認定事實的疑竇，又直陳刑訊及輕信口供之害，就實而論，不涉虛妄。

清初名臣于成龍，曾審理一起「強姦」案件，于成龍審理認為此案實為「通姦」，乃寫成一判牘，對自己的判斷細加剖析，進行論證。此案之案情是：孫祥祥之女孫桂寶與孫和順通姦。孫和順是開綢緞鋪的，自然有些錢財，故能每月補貼孫桂寶二十貫錢。孫祥祥貪圖錢財，便佯裝不知。不料一來二去孫

第二章　站起來的我們

桂寶懷上身孕，分娩在即，再裝聾作啞已不可能，只好出面解決。先尋孫和順私了，只因要價太高，協商不成，遂以孫桂寶名義一狀告到官府，將通姦說成強姦。于成龍「細閱來稟」，認為「甚有可疑」，遂依判斷作出論證，論證中將自己認為此案可疑之處一一擺出，晾出自己針對這些可疑之處的心證過程。

　　于成龍認為此案有四大疑點，判詞針對狀詞論證曰：「爾既於去歲五月內，被對門綱肆之孫和順強姦，何不即行報官請究，而遲至今日？既曰為保全顏面計，不願伸張，然爾必告之爾父母，爾父母又何以亦絕無一言？然爾自被強姦後，與孫和順仍朝夕相見，是否有何種表示？且孫和順既敢強姦於當初，又何以不續姦於事後？此可疑者一。」這裡的「爾」（你）指稱的是告狀人孫桂寶。文中提到的疑問是既然孫桂寶在去年五月已遭強姦，當時卻不向官府告狀，遲至現在才來告狀，便有些可疑。當然，告狀人自己所稱是為了保留顏面而不願聲張，也有道理，但是，總要跟父母提及吧，怎麼父母竟然也不發一言呢？孫桂寶此後還和孫和順朝夕見面，孫和順當初既然敢強姦，後來並無續姦，豈不可疑？另外，「汝自去年五月被孫強姦後，何以即有身孕？強姦是否即能成孕，雖不可知，然大體言之，似有不類。蓋據傳說，必男女兩相歡洽，而後始能成孕也。此其可疑者二」。我讀該判詞至此，頗有些疑慮，于成龍以「傳說」為依據提出懷疑，說服力似嫌不足。再往下看：「汝父

母既亦不知爾有被人強姦情事，則爾自有身孕後，腹漸便便，爾父母何以絕未瞥見？縱如來稟所言，天氣漸冷，衣服漸多，父母不之注意，然無論衣服加至若干，而一至七個月後，絕呈異相。爾父或不之知，爾母萬無亦不知之理。此其可疑者三。」這段質疑，建立在對懷孕後身體狀態的一般規律性、常識性的認識之上，顯然是有說服力的，從中亦可窺見告狀者對於本案疑問的解釋有難以自圓之處。不過，萬一真有如此馬虎草率之父母，又如何呢？于成龍接下來繼續論證：「即退一步言，爾父母均未留意，爾自身豈亦不知矣？知之何以又隱忍不言，必待臨盆後，而始向父母言及，並未投狀請究乎？此其可疑者四。」換句話說，孫桂寶若非智力不足，當無此一異於常人之反應，當然令人生疑。于成龍進一步指出狀詞有語意模糊的地方：「且閱來稟，究不明汝意所在，欲將孫和順究辦乎？則何以又有一身無靠，鄉黨父母不齒等語。並言孫和順尚未有室，真堪作正，是顯見欲本縣作伐，勒令孫和順始亂終成之意。」看起來告狀別有所圖，用意並不單純，何況「來稟中又有產子後，孫和順只來一次等語，是更可見孫和順未嘗絕汝」，因此「本縣閱牘至此，愈覺此中有不可究詰者在……且本縣反覆深思，絕不信爾之受孕出自強姦。即帶有強意，至多為強合和成，絕非純粹強姦……若必誣告強姦，妄冀非分，則本縣不難提及人證，切實審斷，恐爾不特占不到便宜，抑且受重戾也」。于成龍

在判牘中勸孫桂寶與孫和順訂定婚姻，一可以保全名節；二可以保全幼兒姓名；料那孫和順不至於絕無天理，坐視不管，與之決絕。

　　我閱此判詞，覺得此案並無複雜繁難，但于成龍條分縷析，確有說理之耐心，他把自己所懷疑以及有這些疑問形成的判斷清楚呈現出來，解釋自己心證之形成過程與依據，很有邏輯性，想必告狀人閱此當啞口無言。不僅如此，于成龍並不是簡單粗暴將此案駁回了事，而是講明利害，為孫桂寶指條明路，做父母官如此，算是苦口婆心了，孫桂寶哪裡還會上訴呢？

　　古人判詞，對於事實的認定和證據的採擇常有分析，如李鴻章在一起寡婦告侄子強姦幼婢一案所作判決中，以《洗冤錄》為依據判斷：「遍查《洗冤錄》，淫姦幼女，只有驗證，而無驗傷。此蓋明謂十齡以下之幼女，不姦則已，姦則必死。未有姦而傷，傷而尚可以驗也，此案獨以傷聞，此可疑之點也。」又如端方辦理的一起錢呂氏控告兒媳杜氏謀殺親夫錢少卿案件，案件有一重要情節：錢少卿年關時坐阿掌的船去鄉下收帳，黃昏時離家，杜氏睡到天明，忽聽門外連聲高叫「新娘子開門」。開門一看，正是阿掌，阿掌急迫問錢先生何不上船。杜氏大吃一驚，遍尋其夫未果。阿掌教唆錢呂氏向衙門控告兒媳殺人。此案縣令昏聵，將杜氏刑訊。杜氏的父親赴省告狀，端方審理

後依據情理判決並加以論證:「訊得錢杜氏伉儷情深,何從起殺夫之念?錢呂氏年居四十,身為寡孀,不應華服濃妝;更證諸船戶阿掌敲門時,口內大呼新娘子,蓋其意中已知錢少卿不在家,故於無意中泄露口風。」原來錢少卿已經為阿掌所殺,「及至提阿掌嚴鞫,供認謀斃少卿,沉屍於河,並與錢呂氏通姦三載,既汙其母,又殺其子,屬罪大惡極」。端方將事實查清後作出判決,連縣令也得發落,革職了事。

闡明裁判依據的法律規定

對於各種案件,應當依據法律加以處理,判決要說理論證,需要揭明這些規定並結合本案加以說明,使案件處理的依據一目瞭然,避免再生爭執,使案件涉及之社會關係由紊亂而安定,達到司法之解紛止爭的目的。且借隨園老人袁枚的三則判牘一探究竟:

一則是針對一起立嗣案而作出的。該案是這樣的:沈金氏年方十九就守寡,人生已屬不幸,而且她年雖青春,卻執意要為亡夫守貞操,在當時是頗為可敬的行為。不過,說歸說,畢竟青春年少,一有心中屬意之人,難免心猿意馬起來。她與一位年少兒郎有了感情,此人不是外人,乃是她的遠房侄子。怎樣過上雙棲雙飛的日子呢?沈金氏靈機一動,想以立嗣之名達到與之結合的目的。為了堵住眾人悠悠之口,她收買一位師爺

為她起草了一份狀子，希望官府為其做主。袁枚當時為該縣太爺，接到呈文後寫下這樣的判詞：「律載凡夫亡無子者，準擇立族中昭穆相當者為嗣子。依親疏為先後，不得紊亂。今爾所欲立者，是否昭穆相當，是否最為親近，如果是也，何必秉官立案。如日非也，本縣亦礙難遽予批准。」這裡「昭穆相當」之所謂「昭穆」，本義是明晰細小的裂紋，引申為「相鄰輩分之間的界限」。袁枚這一判決，先引用裁判依據並以之為論證之大前提，再以本案加以對照，提出質疑：「爾今年十九歲，所立之嗣子，年二十一。反長爾兩歲，母少子壯，在事理上既不能謂其無，在律文上自亦不能禁其有。唯該氏族中，除一母一嗣子外，尚有何人，何以稟中不為提及？且何以不先得族長房長等同意，而昧然稟官？凡此種種，悉是疑竇。」袁枚沒有從「母少子壯」的事實直接否定立嗣之合理合法，而是承認在事理和律文上並非絕無可能，只不過，直接向官府稟告且狀子未提及氏族中尚有何人，以及不先得族長房長等同意確實頗為可疑，怎麼處理呢？袁枚判決「清官難斷家務事，本縣不便預為處治」，還是交由族長房長等商議好了。這一判決在邏輯上符合演繹法，通篇是在論證自己最後裁判的依據，隱含的意思是，官府豈肯為人利用？

　　還有一則也是立嗣案：沭陽巨富劉槐沒有子嗣，年過七旬，眾人勸他從侄子裡選一人立嗣，他倒是很喜歡遠方侄子劉宏

德，有心將他過繼，但劉敬書才是嫡系，只是不太孝敬，因此遲遲未下決斷。直到臨死，他才立下遺囑，立劉宏德為嗣子。在喪禮中，劉宏德當孝子捧靈，劉敬書不忿，來搶靈牌，鬧得不可開交，上了公堂。袁枚就此下判，也是先從上文同樣的法律依據著手論證，這一法律依據正是劉敬書起訴的理由：「查律凡無子者，應以最近昭穆相當者之子為嗣子，不得紊亂。此劉敬書呈控之理由也」。不過，劉宏德也有法律依據為自己的理由：「又查律凡無子者，得於應嗣者外，別立鍾愛者為嗣。此劉宏德所持有之根據也。劉槐在日，既極鍾愛宏德，視若己子，而臨沒又遺命立之為子。則於律劉宏德入嗣為劉槐之子，並無不合；但劉敬書在昭穆上為最相當之人，自應與劉宏德並嗣，以別親疏而合倫常。仰即遵照，毋再生隙。」以袁枚判斷，劉宏德和劉敬書可以並為嗣子，不必再爭執。裁判至此，似乎已可作結。但袁枚接下來點名此案的癥結乃在劉槐為巨富：「故該兩造各持一說，爭為之後。使劉槐不名一錢，無一瓦一隴以遺後人者。爾曹更亦出而如是爭執乎？抑各自推諉乎？」說穿了，爭來爭去不過是為了錢罷了。袁枚對此表示理解，稱「世道衰微，賢者不免」。他進一步解釋為何判決兩人合嗣 ——「所望合嗣者，本兄弟怡怡之旨」，殷切期望他們「勿負吾意，其喻斯旨」。這些論證不但闡明法律之適用，而且將自己判決之良苦用心明白寫出，頗有人情味，不知劉敬書聞判，心中會不會有一

第二章　站起來的我們

絲愧疚？

　　還有一例，案情頗為簡單：沭陽有個秀才，名喚孫文定，雖然腹有詩書，卻家徒四壁。因欠債無法償還，竟被馬伕陳春春暴打。眾人將陳春春扭送到官衙。袁枚審過之後判決：「審得陳春春毆辱生員孫文定一案，據供孫曾欠陳春春錢三十千，屢索無著，反被辱罵，一時憤急，遂奮拳相毆等語。詢諸孫生，供亦相同。孫生學富五車，歷擁皋比，乃時運不濟，寒氈難暖，致門前有債主之逼，戶內無隔宿之糧。一寒至此，為之三嘆。陳春春毆辱斯文，本當加杖。姑念出自情急，實非得已。且釁非彼開，傷不甚重。從寬罰錢三十千，聊當杖責。孫生所欠陳春春債款三十千，即以陳春春罰款抵銷，不必再償。」這裡先從陳春春陳述敘起，再指出孫文定陳述與之一致，從而認定案件事實。接下來敘述孫文定個人情況和困境，表達同情之意，然後指出陳春春毆打侮辱行為應當杖責，但有從輕發落的情節，可以從寬處罰（罰錢三十千），並與孫文定欠債抵消，就此作出全案處理。判決到此本可以結束，但袁枚又繼續寫道：「本縣憐才有志，養士無方。心勞致絀，言誇力薄。邦有宿學，竟令潦倒至此。一夫不獲，時予之辜。是真為民父母之責。」這簡直就是一篇自我檢討，且有整改措施，「捐俸百千，用助膏火。青燈黃卷，墨榜錦標。脫穎有時，毋墮厥志。明年丹桂飄香，當賀子於鹿鳴宴上也。仰爾努力，勿負吾意。」縣太爺

不但對孫文定一番勉勵，居然還破鈔捐助他讀書上進，令人大開眼界。

再看劉耀薇就強盜劫財傷人一事所作判牘引律而論，云：「凡人少而無凶器謂之搶奪。李二一案，人贓俱失主拿獲，盜情逼真，初審親供夥賊四人，即失主也供四人，狡飾咬扳，將誰欺掩？當日弓刀馬匹，失主供之甚真。其未經追獲者，彼積賊正恃狡頑，欲留今日之辯竇耳。承勘官但圖草草了事，希解緝盜之案，獨不思既無凶器，董鳳宇耳邊刀砍憑何中傷？看語云：『絨帽，公共之物，難執為失主之物。』本官更何所據，而知非失主之物？豈當日親炙之不真，而今日懸揣之反確耶？仰速秉公確審如律繳。」這一判牘從律例入手，連發數問，然後決定駁回案件，責原審判官再審。想原審判官讀來應當啞口。

讀古人判詞，常覺人情味十足。儒家式司法，重在不違律令而又合乎情理，從這些判牘中可以飽覽。袁枚為官一任，處理案件頗有心得，其寫過一首詩，敘述自己為官之道，其中有兩句耐人尋味——「獄豈得情寧結早，判防多誤每刑輕」，意思是刑事案件難得都能發現真相，不如早一點了結，不要淹留；判決常常發生錯誤，為了避免錯判帶來的災難，量刑時可適當輕緩。我們從袁枚的判詞中，也能夠體會到他做官的風格和處世的態度。

第二章　站起來的我們

判決書的個性與文采

　　古代為官者絕大多數是文人墨客，寫得一手花團錦簇文章的不在少數。古代選任官員既有標準也有辦法。元代徐元瑞在《吏學指南》中從行止（修養）和才能兩個方面，列舉了選任官吏的標準，認為官吏的行止應當包括以下各目：孝事父母；友於兄弟；勤謹；廉潔；謙讓；循良；篤實；慎默；不犯贓濫。官吏應當具備的才能包括：行遣熟閒；語言辯利；通習條法；曉解儒書；算法精明；字畫端正。這些標準中雖然未明確提及言辭文筆，實則科舉考試，便須考察言辭文筆，明清不必說，隋唐宋元更是如此，因此從古代官員的判詞中找出精彩絕倫的錦句，並非難事。

　　讀古人判詞，發現不少判詞文采飛揚，可以當駢文和散文之類文學作品來讀，而且那時的判詞不限制個性，文采好的，可以大顯身手。讀古時判詞，發現其中多為對偶句，我們可以隨意拮取幾例以觀風采：

　　胡林翼就一起搶親案件所作判詞中有如下對仗句子：「鴛鴦枕上，早應開並蒂之花；合歡被中，何尚待雙飛之鳥？雖說家貧，不妨遣媒人代為說合；邵家體諒，怎能有琵琶別抱之心。洞房花燭，只是歡慶之舉；鼓樂親迎，古籍原無記載。恩恩愛愛，寒窯與華屋爭輝；卿卿我我，騎牛與跨駿何異？搶親過於粗暴，情有可原；悔婚於情不合，不能採信。」

　　袁枚就一起離婚案所下判決中有這樣的句子：「漁郎問渡，清涇與濁渭同流；神女為雲，鳥道與羊腸莫辯。奠我疆於南畝，何叢界判鴻溝；啟密鑰於龍門，勢且鑿殘混沌。慮乏鄧攸之後嗣，遽效翁子之當年。琴瑟伊始，胡為伉儷情乖；歲月幾何，安見熊羆夢杳。」這分明是美文，竟是判詞的一部分，今日讀來真感錯愕。

　　古時判牘時摻虛論，如一姣美的女子因被燕客所幸，燕客之妻不能相容，燕客又不能保護，遂自殺身亡。李鴻章所作判牘，起首便道：「嬋娟碎玉，悍巾幗誠雲屬階；嬿婉埋香，莽鬚眉厥為戎首。蓋雕梁本隘，鶯棲則雀蹄；芳露雖奢，蕙沾而蓬嘆。酷間餘辜，忌奚深怪。若夫幸擁慧姿，有慚情種。問騷雅固無有乎爾，語溫柔亦莫知其鄉。鶯籠深院，攜柑之酒翻賒；鴉啄芳林，護花之鈴靡設。遂使愁娥隕翠，虛留怨葉題紅。如哀哀越娥者，吾恨恨燕客也。金屋豈其貯嬌，悵矣飄茵墮溷；紈扇徒爾工賦，嗟哉向犢操弦。既乏愛情，妒鷗比鶉羹以療膏肓；復昧款曲，啼顏學珍珠而慰寂寥。」噫！這段文字，更見文采，不要說今日之裁判者已經寫不出，就是唸起來都認字不全。不過，文字雖然精美，卻多少有借題發揮之感，作為實用文書來說未免太過，作為文學作品來讀，倒是沁人心脾。

　　古代官員作出判決，判牘中可以用典，可以活用成語俗語，並無限制。因此，那時裁判有著明顯個性色彩，官員或者

第二章　站起來的我們

師爺製作判牘，公布前不必由他人審讀核准，自然想怎麼寫就怎麼寫，個性孕育其中。

古時有一些判詞，「以仲由折獄之長，雜以曼弦詼諧之筆，妙解人頤」，引得人們爭相傳誦。樊山有數則判牘，讀來令人拍案叫絕，如「瘋秀才又來矣。疑義不能析，爾之恨也；奇文共欣賞，我之幸也。語云：心病需將心藥醫。本縣不會醫病。纏我何為？」（批生員劉瀚章呈詞）「爾昨日遞一呈，今日又遞一呈。寫呈不要錢乎？這是何苦。」（批張萬智呈詞）「如此胡說，罕見罕聞。孫鳳詔將爾馬槽拿去，爾即坐視驢子餓死；萬一拿爾飯碗，爾豈不全家餓死乎？控稱被毆成傷，候驗傷再奪。」（批孫樹吉呈詞）「欠錢不還，彼此爭毆，事所常有。至稱爾夥被毆，失沒錢帖十一串，則是代書故套，所謂『八戒上城，倒搭一耙』是也。候驗傷再奪。」（批史合義呈詞）原來判詞也可以這樣寫來！

不過，也有一些「妙判」並不妙，如這則判牘，以貌取人，頗不值得讚賞：「看得杜瑜形類山獠，心懷狙詐，借鄉民賽社，為公庭鬥訟之媒……」樊山批楊光申呈詞也云：「王天作形同豺狗，心似毒蛇。本應處以極刑，姑念……」殊不知相貌與案件事實有無、證據可信與否以及是否構成犯罪、構成何罪、應處何刑並無必然的關係，言之何益！又如樊山批秦楊氏的呈詞，流露出官老爺的專橫意識，也不足取：「爾流蕩在外，無恥

102

已極，尚敢一再呈牘，爾不知本縣善於打人，並善打無恥婦人耶？」讀來真覺背寒。

當然，古時判牘也不是沒有可檢討之處，但今日讀之，還是令人讚嘆者多。南懷瑾曾言：「讀判牘，可了解古人的才華，認識歷史社會的演變，了解古今法律的異同，因而更透闢地了解歷史，鑒古知今，洞徹人情世故，當作短篇小說或電視影劇來看，也是一大樂事。」閒來無事，翻翻古人判牘，確有同感。讀古之名臣判牘，還可領略其「胸有經濟，通達時務，筆有文藻，肆應不窮」的神采，真可謂開卷有益，馨香滿室。精短判牘，篇幅雖小，實不可以小視之也！

今之判決，承辦人起草，領導審核，不可用典，不可炫示文采，不可帶有個性，甚至不可多言，以免言多必失。判決書遂千篇一律，不可能有文學性存焉。更要命的是，當今判決，雖然文書篇幅有所增加，但只是概括羅列案件證據情況，不能依這些證據進行推論，也不揭示採納意見或者證據的理由，不解釋心證形成過程，名為說理論證實不見說理論證。古人判詞，可以給我們一些啟發。

法治不在線

英國學者大衛・米勒（David Miller）等人嘗謂：法治「這

個概念在使用時具有各種不同的含義，很難加以界定」。所以，談到法治必須首先明確其所指。中國自古有「法治」一說，但最初的「法治」乃商鞅韓非式的「法治」，賀麟稱這種「法治」屬行鐵的紀律，堅強組織，急近功，貪速利，以人民為實現功利政策的工具；以法律為貫徹武力征服或強權統治的手段。以獎賞為引誘人圖功的甘餌；以刑罰為壓迫人就範的利器。這種法治有時雖然可以收到富強的速效，但上養成專制的霸主，中養成殘忍的酷吏，下養成敢怒不敢言的順民，或激起揭竿而起的革命。此種「法治」刻薄寡恩，與現代「法治」絕不相侔。蕭公權嘗謂：「法治與專制之別，在前者以法律為最高之威權，為君臣之所共守，後者為君主最高之威權，可以變更法律。持此以為標準，則先秦固無真正之法治思想，更未嘗有法治之政府。秦自孝公（西元前三六一年至前三三八年在位）以來即用商韓之法。吾人若加以分析，其重要之條目不外尊君重國，勤農務戰，嚴刑必罰，明法布令諸事。其中無一端足認為法治之主旨。前二者固無待論。嚴刑明法，似與法治有關。然商韓所謂重刑，李斯所謂深督，皆失法律之平，為近代法律之所不許。明法布令，制定條文，而宣示大眾，又為任何政體中不可或缺之政事。以此為法治，則凡政府皆法治，豈秦之所得專美。」

現代法治，實為「法律主治」（rule of law），指的是法律

是被人格化了的治理國家的主體，而不是由某一個人或者某一群體使用的工具。所有的人 —— 包括立法者 —— 都在法律的治下。所以，「法律主治」指的是：「法治不單指用法律來統治，也指被法律所統治」。

　　上述兩種「法治」，表面上都存在一整套法律制度並欲嚴格遵守之，但真正區別乃在於法律之上有無更高的權威。戴雪指出，「法治」意味著排斥武斷的權力，按照這一特性，人民不能無故受罰，只能由普通法院依法律的正當程序（due process of law），查明其確實破壞了法律，並依據法律對其身體或財產加以處罰；另外，「法治」意味著官吏和臣民受到普通法院執行的普通法律的同等制約，所有在職官吏，自內閣總理以致巡視或徵稅差役，倘若違法，一律與庶民同罪，它排斥政府行為享有的特殊豁免權，或對涉嫌政府官吏的案件加以特殊制裁。大衛・米勒等人指出：「法治」還被用來表達正義特有的諸概念，與「正當程序」、人權、憲政緊密相關。在現代，「法治」包含一系列「憲法權利」，諸如：維護言論、遷徙自由和宗教信仰自由，確保平等保護以及規定反對歧視，此外還包括對正當法律程序、公平的法律程序、公平審判、自然正義、司法獨立和為了加強法律賦予的權利而訴諸法院的程序保證。「法治」還與「有限政府」的觀念緊密相關，所謂「有限政府」，並非是指每個政府不能擁有特別權力，法治的要求是，政府擁有的權力不

能超出「必要」的範圍。法治是與「可以隨意運用的權力」不相容的，在法治社會，權力必須受到限制，這要由明確的規則來完成，法律必須有足夠的內容，去防止法定權力的濫用，政府的所作所為必須有法律的依據。

香港學者陳弘毅將「法治」的不同元素，從最低的、最簡單或原始的階層到更高的層次列舉為十項，即：社會秩序和治安；政府活動須有法律依據；行政權力是受限制的；司法獨立；行政機關服從司法判決；法律之下人人平等；法律應符合一些基本的正義標準；刑法合乎人權；人權和自由得到保障；人的價值和尊嚴受到法律和國家的尊重。我們所看到的「法治在線」和「法治進行時」所展現之「法治」，不能謂與「法治」無關，但從現代法治的角度觀察，卻都屬於最低層面的「法治」，即唯有社會秩序和治安而已。倘若以為這就是「法治」，才是真不知「法治」也。

在警察實境秀節目中，我們幾乎看不到現代法治精神的展現。搜查、攔截，除了大喝一聲「警察，別動！」，看不到出示有效證件；入室抓捕，也見不到出示任何搜索票，往往突然闖入，一擁而上，更不必顧忌晝昏晨曉。例如，某節目播出的一期節目中，幾名警察身著便衣帶著一名婦女，來到樓上犯罪嫌疑人的住所，那名婦女以鄰居查漏水為名騙開房門，老嫗打開門後，尚未回過神，已見幾名彪形大漢迅速進入，老嫗不禁嘀

咕出聲：「查漏水怎麼來這麼多人？！」話音未落，已見警察撲向各個房間搜尋，旋即將犯罪嫌疑人按在床上被窩裡，由於事發突然，床上與犯罪嫌疑人同居的女子沒有準備，發出一聲驚叫。那幾名警察既未出示拘留證或者逮捕證，也未出示搜索票。

　　看這樣的「法治」，看不到警察權力必須受到的限制，看不到拘捕和搜查的「正當程序」運作，因此也就看不到真正意義上的「法治」。

第二章　站起來的我們

第三章　拉著古人聊聊天

法者，天子所與天下公共也。今法如此而更重之，是法不信於民也。且方其時，上使立誅之則已。今既下廷尉，廷尉，天下之平也，一傾而天下用法皆為輕重，民安所措其手足？

追念李離

李離為錯案而死。

他生在春秋時期，為晉國的大理，即現在的司法官。那時國如碎玉，邦如散珠。

因斷獄失誤，錯殺無辜，李離自縛後拜見晉文公請求處刑。

晉文公說：「官職有尊卑，刑罰有輕重，出現錯案理應責罰下屬。何況，辦案哪能始終公正，不出差錯呢？」

李離說：「長官不會向下屬讓位，俸祿很多也不會同下屬分利，自己有了過錯卻要把罪責推給下屬，這是不義。國君因為信任我才委以重任，我卻偏聽誤信，鑄成錯案。如此，百姓必然怨謗，諸侯也會輕視晉國，國家必然不能長久。即使國君不

忍加刑，我也不能偷生！」

史書記載：李離堅辭赦免，伏劍而死。

掩卷沉思，兩千多年前這位大理袍服上的大片血漬，令人悲憫不已：李離本來毋須自殺，明明晉文公不肯加刑；但作為執法官，他自己「起訴」自己，為了枉死的哀魂，為了晉國國法，不惜捨棄生命。

依現代法律觀點看，李離錯殺無辜，畢竟屬於過失，不必殺身以償；即使依唐宋明清的律法，失入人罪者也比故入人罪者減三等，斷不至於以死相殉。

法國當代著名律師勒內‧弗洛里奧（René Floriot）說：「公正的審判是不容易的事情。許多外界因素會欺騙那些最認真、最審慎的法官。不確切的資料、可疑的證據、假證人，以及得出了錯誤結論的鑑定等，都可能導致對無辜者判刑。」在司法活動中，儘管明鏡高懸，錯案卻時常難免。一旦發現錯案，歸責問題會立即成為人們爭先躲避的灼燒的炭塊。趨利避害本是人類普遍的心理狀態，面對錯案，有人隱瞞、有人推卸、有人拒絕承認，能夠反其道而行之，勇於承擔責任的，寥若辰星。

然而，李離殉於錯案。

李離死後若干年，項羽被漢兵追至烏江，有亭長勸其上船渡江，日：「江東雖小，亦足以王，願急渡！」項羽嘆息：「籍

與江東子弟八千而西，今無一還，縱江東父老憐而王我，我何面目見父老乎？」竟拔劍自刎。項羽本不必自裁，登舟而東，繼續為王，捲土重來亦未可知，卻因對江東父老深感內疚而選擇死去，項羽正與李離一樣，乃勇於承擔責任者。項羽乃霸業之李離，李離乃司法界之項羽也。

我們無從揣測李離對錯案中受害者的歉疚心情，所知道的，他是以死補救司法公正的第一人。在諸侯林立劍戟林立的春秋時期，在斑斕的歷史中，有如此境界的，這位固執的大理是第一人。

李離往矣。

石奢的選擇

情與法，頗難兩全。

在情與法衝突時，不同的人有不同的選擇。對於大多數人來說，面對選擇中的兩難境地會變得四顧茫然，手足無措，與哈姆雷特相彷彿。

《史記‧循吏列傳》記載：楚昭王的司法官石奢，剛正廉潔，無所阿避。一日道有殺人者，石奢奮力將其追獲，令石奢大為震驚的是，被追獲的殺人兇手竟是他的父親。石奢立即陷入兩

難選擇的煎熬：不徇私放縱其父，將背負不孝的罪名；不尊奉國家的法令，要負不忠的罪名，無論如何選擇，都與他的忠孝品格衝突。焦灼思忖再三，石奢將其父釋放，同時在「以父乖攻不孝，不行君法不忠」的強烈感情衝突中刎頸自殺。

石奢最終使得忠孝得以兩全，卻付出生命的代價，讀書至此，真為他唏噓不已。

然而，對於石奢之死，不同論者因各自立場不同有著不同的評價。

依先秦法家的觀點，面臨情與法的衝突，應當大義滅親才合乎正道，石奢放縱其父的行為屬於撓法而徇私，罪合當死，無可稱道。難怪司馬氏談論六家要旨時說：「法家不別親疏，不殊貴賤，一斷於法，則親親尊尊之恩絕矣，可以行一時之計，而不可長用也，故曰『嚴而少恩』。」

儒家倡仁，注重人與人之間的恩愛與慈孝，強調子女對父母的溫和而濃厚的親情，期冀以這種人倫秩序為基礎，實現禮教、德治的理想社會。破壞了人倫秩序，抹殺了人與人之間的親情，上述理想就成海市蜃樓矣。

中國古代法律，採儒家觀點解決情與法的衝突。儒家認為父有罪過，子應為父隱，這樣才「直在其中」，因此允許親屬相為容隱，否則以不孝治罪。這種以法律向人倫讓步從而使它們處於和諧狀態的做法，成為中華法系的特色之一。

時至今日，情與法的衝突仍然困擾著現代人。不過，現代人有這樣的信念：在適用法律時，對法律所能適用的一切人都應當不偏不倚、一視同仁，因此，現代社會依迴避制度解決情與法的衝突。耐人尋味的是，不少國家法律規定，知情之人有權因唯恐其近親屬受到刑事追究而拒絕作證，因同樣理由提供虛偽證言也不受法律追究。這與中國古代法律中親親相隱的規定如出一轍，不知僅為巧合，還是如中國儒家思想對法國重農學派的影響一樣，中國古代法律及思想也影響過西方國家法律。

　　生於現代，不必如古代的石奢那樣刎頸自殺了。

李斯來信

　　敬啟者：

　　我乃秦之丞相也。受中車府令趙高陷害，唧冤而死，去今何止兩千年矣。

　　我雖居天國，未嘗一日敢忘世事。此間消息，皆來自陸續赴天國之人，有人言司法改革事，以我之慘痛經歷，當然尤為關注。聞之或喜或憂，拊掌扼腕，何可勝道也哉！

　　數年裡每聞人言，世間改良司法，倡言人權，改善程序，轟轟烈烈，人神鼓舞，斯亦深感歡欣。偶有不盡意處，亦視為

不可避免，豈肯久置於心。

　　不過，近來聞「被告人都招認了，還有什麼可審的」之議蜂起，一時間諸多司法機關熱衷於普通程序「簡易化」審理乃至從域外引進「辯訴交易」之類制度，只要被告人認罪，不待法庭細緻調查，不惜含糊了結，忽又勾起心中鬱結，不禁為之痛心疾首也。

　　當年我貴為丞相，不期為人所誣，不但拘執束縛，居圉圄中，而且竟至榜掠千餘，不勝痛，自誣服。我之所以不肯自殺，是因為自信能言善辯，而且有功，實無反心，期望能夠上書自陳，幸得二世醒悟而赦之。不意趙高曰：「囚安得上書！」使吏棄去不奏，斯之沉冤遂得不雪。後世之司馬遷於《史記》記載甚詳，可供參閱。

　　我至今切齒痛恨的是，趙高使其下屬十餘人假充御史、謁者、侍中，更往復前來提訊，我誤以為機會已到，以其實對，結果重遭榜掠，反覆幾次，終於不敢翻供。後二世真的派人複查此案，我已經難辨真假，以為還是趙高的花樣，最終不敢講出實情，終以「辭服」（供認不諱）結束審查。

　　我以閭閻歷諸侯，入事秦，輔始皇，卒成帝業，心不可謂不忠，功不可謂不大，一旦被人構陷，落入獄卒之手，雖有辯才，竟不敢發一句真言，落得在咸陽被腰斬，夷三族。後世的司法官員怎可不怵惕警醒，以為殷鑒？

第三章　拉著古人聊聊天

　　今日之被告人，其地位、其權利與我秦國之階下囚早已不可同日而語；但司法經驗教訓古今如一，不可不銘記。刑獄理當務必發現實質真實，不受認罪之約束，即使被控之人業已認罪，法官仍需查驗其他證據，確認供述真實與否，這一制度深愜我意。試想當年，若二世指派查驗之人不為「辭服」的假象所惑，深入調查，我尚有一線昭雪機會，歷史上未必有李斯冤案矣。

　　被控告之人「辭服」就減免調查，要使判決公正，至少得保證自白出諸自願，而要保證自白出諸自願，須得保證沒有刑訊和逼取、騙取口供之惡行。此類惡行不杜絕，焉知其陳述為自願？非自願之陳述，焉知其為真實？不能確定其真實又不細緻調查，豈非魯莽？不具有必要的條件，貿然簡化法定程序，豈不容易釀成冤錯案件？

　　我去國已久，識見有限。偶有所聞，觸動舊日傷痛，如鯁在喉，不吐不快。所言不當之處，尚祈指正！

李斯　敬上

酷吏的終局

　　揭開斑駁的歷史，會揭開歷史的瘡疤。穿行秦磚漢瓦之

間，雨疏風驟之時，人們常看到置身其中的酷吏 —— 以慘刻為性格，以羅織人罪為能事，在別人的輾轉哀鳴中，綻破歡顏。

這些酷吏，以別人的血塗染自己的功績，他們在各自舞臺上威儀棣棣，炙手可熱。

然而，水滿則溢，月盈則虧，慘史與榮歷常常相伴相隨。也許，沒有什麼比「請君入甕」更能揭示酷吏的宿命了。

《史記‧酷吏列傳》中諸多酷吏，除一人善終、一人身陷囹圄最終倖免於死外，餘皆死於刑獄：河內太守王溫舒以罪自殺、定襄太守義縱以罪棄市、御史減宣以罪自殺……

同樣，唐朝酷吏索元禮、來俊臣、周興、侯思止等，各個死於非命。

武后也依仗酷吏

相似的酷吏，相似的結局，在不同朝代輪番出現，應驗了

人生的因果報應。

　　想這些酷吏，當其盛時，執法苛毒，殺人如麻。轉眼間，富貴成塵，身家性命付諸斧鑕，怎不叫人怵惕驚駭！

　　酷吏，本是「治亂世，用重典」的產物，但「治亂世，用重典」以期達到「治世」、「無訟」的理想狀態，這一善良想法卻建立在想當然的虛幻基礎上。義大利法學家貝卡里亞（Cesare Beccaria）指出，對於很多犯罪，當權者故意將刑罰變得很殘酷；但時間一長，對這些刑罰中的恐嚇成分人們就司空見慣了。酷刑還有一個不良作用，即可能造成不良社會環境。中國清末法學家沈家本指出，殘暴酷虐的行刑方式，不但無助於震懾犯罪，反而造成導民為惡的副作用，沈氏認為：「謂將以警戒眾人，而習見習聞，轉感召其殘忍之性。」暴君以酷虐治世，酷吏以酷虐爭寵，都顯露出視人如犬彘、視生命如草芥的殘忍本性。這種濫施酷刑的行為，對社會起著嗜血虐殺的反面榜樣作用。一旦社會形成輕賤人命的風氣，暴君、酷吏也往往飽嘗自己植出的惡果：國如秦、隋，人如周興、來俊臣，莫不如此。

沈家本

酷吏死於非命並非偶然。酷吏為鷹犬、行酷虐，往往引得怨聲鼎沸，平息這種怨恨的最簡單的辦法是將這些酷吏處死。正如《北史》所載：秦州刺史於洛侯貪酷殘忍，常將犯罪者截腕、拔舌、斷足而後斬決，以致百姓反叛，孝文帝只好派人將於洛侯處死謝眾了事。

孟子云：「戒之，出乎爾者，反乎爾者也。」

戴冑的失信論

「貞觀」是令人緬懷的年號。那是因為唐太宗是世人稱頌的明主，他善納雅言，減少施政錯誤，創造了盛唐耀眼的輝煌。長孫皇后是賢德有智慧的女人，單是「帥內外命婦親蠶」，就

值得史書記上一筆。魏徵幾度諫勸唐太宗，唐太宗能夠虛心接受，還讚嘆「魏徵一言，勝十萬師」，李卓吾在《史綱評要》中幾度稱頌唐太宗為「聖主」，差不多是讚不絕口了。李卓吾說：「史言魏徵善諫，愚以為幸太宗耳。不然，使遇好諛之主，未必不轉諫為諛也。」那意思是說，魏徵知唐太宗非好諛之主而有進諫的勇氣，換了昏君，也許就沒有人所欽敬的魏徵了，因此，「君天下者，不可不以太宗為法」。

不過，許多君主自以為英明，臣屬也願意拿這話去奉承他，尤其是真的智勇過人之主，往往覺得別人不如自己高明，即使魏徵在前，也不能細辨其言之忠善，採納與否就說不準了。有時一句話說錯，逆了主人的意，惹來雷霆之怒，吃不了兜著走，甚至送掉老命，何苦來哉！

唐太宗的良臣，不止魏徵一人而已，戴冑等人也是能夠忠言進諫之臣。唐太宗深知為明主之道，曾問魏徵：「人主何為而明，何為而暗？」魏徵說：「兼聽則明，偏信則暗。故人君兼聽廣納，則貴臣不得壅蔽，下情可得上通也。」有魏徵這樣的良臣經常如此「教育」皇帝，唐太宗真是想不做明君都難。

唐太宗固一世之雄主，自然不是沒有脾氣的濫好人，只不過沒有將一時之怒化為災難而已。《史綱評要》記述這樣一件事：「上以選人多詐冒資蔭，敕令自首，不首者死。未幾，有詐冒事覺者，上欲殺之。戴冑奏：據法應流。上怒曰：『卿欲守法

而使朕失信乎？』」唐太宗講的話不是沒有道理，如果按照戴冑的依法說，嚴格依現行法處理這件事，就只能處以流刑，不能判處死刑，那皇帝的敕令還有什麼信用？皇帝金口玉言，定下來的事落實不了，當然關係不小。戴冑的反調，昭示守法與失信同來，守信與違法聯姻，真是惹人生氣，難怪唐太宗惱怒。

戴冑自有他的道理，他這樣回答唐太宗的斥責：「敕者出於一時之喜怒，法者國家所以布大信於天下也。陛下忿選人之多詐，故欲殺之。既而知其不可，復斷之與法，此乃忍小忿而存大信也。」戴冑此番言論，將法律與敕令的效力大小分出等差，稱法律的效力高於敕令，前者要全國上下共信共守，攸關國家誠信，後者不過是君主一時喜怒形成的，兩者衝突，應當取法律而舍敕令。至於失信，兌現敕令，不過是小信；遵守法律，方為大信，忍下小忿而保全大信，才是正確選擇。戴冑的話，格局很大，也確有道理，唐太宗接受了他的建議。

戴冑談法律與誠信，讓我想起漢代張釋之的類似言論。當年張釋之因犯蹕案向漢文帝進言，漢文帝也在盛怒之中。前因是，廷尉張釋之處理該案件，依法而斷，一人犯蹕當罰金。文帝怒曰：「此人親驚吾馬，吾馬賴柔和，令他馬，固不敗傷我乎？而廷尉乃當之罰金！」張釋之對文帝說的話，與戴冑相似：「法者，天子所與天下公共也。今法如此而更重之，是法不信於民也。且方其時，上使立誅之則已。今既下廷尉，廷尉，天

下之平也，一傾而天下用法皆為輕重，民安所措其手足？」張釋之提到法律是天子和天下民眾要共同遵守的，如果法律有明確規定卻不遵守，違反法律加重處罰，是法律失去對人民的信用，廷尉之職又是掌握天下公平的，如果法律被隨意揉捏，民眾就無所適從了。

戴冑與張釋之關於法律信用之論如出一轍，都強調法律取信於民。他們的看法，大有見地，就在於意識到，法律樹立在民眾中的信用，國家和政府才有了誠信。

嗚呼！國家誠信何等重要。法律被政府遵守而得到落實，是國家誠信之所繫。要是制定法律而不加以落實，甚至政府帶頭破壞法制，難免讓人感嘆：古人的智慧真的是不遺傳啊。

當代人，何妨讀讀古人書，汲取一點智慧？

《申報》與楊乃武案

閒暇時讀揭諸報端的案例，時常發現：與成功案件相比，人們可以從錯案學到更多的東西；與鑄成錯案相比，糾正錯案更耐人尋味。陳年舊案也是如此。近來讀清代楊乃武案，印象最深的是洗冤過程。

像許多冤錯案件一樣，楊乃武案是由屈打成招而鍛鍊獄成

的。楊是清同治癸酉舉人，因與餘杭肆上賣豆腐的葛品蓮那頗
有姿色的妻子畢氏（人稱「小白菜」）有私，遭人嫉恨。適逢
葛品蓮因受畢氏虐待不勝其辱自吞鴉片身亡，遂被人誣告通
姦謀殺。承審官嚴鞫之，迫以刑，再加刑幕教唆偽證，終致證
供僉同，後幾經覆核，都未推翻冤案，楊乃武與畢氏只能延頸
待決了。

　　楊乃武案的平反得益於《申報》。《清稗類鈔》云：「時上
海已有《申報》，載之甚詳。既定案，報端復綴一聯云『乃武歸
天，斯文掃地』。為其同年友所見，大憤。」於是代為向督察院
訴冤，朝廷下旨提交刑部覆審，真相遂白。張國風《公案小說
漫話》則云：楊乃武案的平反，既有政治原因，也具時代色彩，
《申報》的介入是促成原因之一，「《申報》對於楊畢一案，自始
至終作了詳盡的報導。對案件審理中的朦朧之處，多有披露，
顯示了報紙製造輿論的強大力量。」《申報》對於審判中缺乏司
法透明度也進行了抨擊，稱「緣審判民案，應許眾民入堂聽訊，
眾疑既可釋，而問官又有制於公論也」。這顯然受到了西方司法
民主的啟迪。楊乃武案的平反還有一原因，便是洋人的偶然參
與。《清稗類鈔》記載：「或曰，翻案之原動力，乃某公使偶在
總理衙門座次告王大臣曰：『貴國人斷案，大率如楊乃武之獄。』
當道聞之，至跼蹐不安，遂翻案也。」《清代野記》也說，「會
有某公使在總署宣言：『貴國刑獄不過如楊乃武案含糊了結耳！』

123

恭親王聞之，立命提全案至京，發刑部嚴訊。」至於該公使是否由報紙得知案情，則不得而知。

這也許是新聞輿論在中國司法史上發揮神奇功效的最早例證，它證明這一事實：只要正常發揮其功能，新聞輿論對於司法權力的正當行使有舉足輕重的作用。

新聞的重要功能是獲得消息情報並加以整理和傳播，有時還要在此基礎上提供意見和評論，作出有見識的反應。多年以來，印刷機成為權力工具，新聞被視為除立法、行政、司法以外的「第四權力」，完成著人們寄期望於它的維護民主的「警犬」職責，新聞媒體習以為常地從不同角度監督政府活動，揭露和控制權力運作中的腐敗和暴政。美國總統湯瑪斯‧傑佛遜甚至說：「由我來決定我們是要一個沒有報紙的政府，還是要沒有政府的報紙，我會毫不猶豫選擇其後者。」、「只要報紙受到保護，我們就可能依靠它尋找光明。」

司法權是主要的國家權力，同其他國家權力一樣，它的祕密運作，容易滋生腐敗和暴政。濫用權力者最怕行為曝光，因此一個久拖不決的事一旦公之於眾，就很快得到解決。濫用權力者也最恨新聞輿論，當年，《申報》報導楊乃武案，招來浙江地方官的嫉恨，據記載：「迨以列報，聞浙省官員亦皆見之，若能少動天良，或者猶可另訊；反謂《申報》向來喜列謠言，不唯不肯見聽，且欲汙蔑《申報》，意圖禁止。」這番舉動，不過

是那些濫用權力、顢頇無能的官員的典型反應。

楊乃武案平反後，「乃武雖釋，而足骨以受極刑故，遂不良於行。家計亦困，乃至滬賣文以自給。畢則披剃為尼」。但楊、畢二人還是幸運的，畢竟當時已有《申報》，畢竟某國公使偶然提及，否則早已身首異處、臠割喪生，安能至今知其為冤案，且為清代四大奇案之一呢？

歷史的裸臉

難啟歡顏的勝利

楊鴻烈先生著有《中國法律發達史》一書，此書兩冊，本為裨補前人研究不能系統而往往「管窺一斑」的缺憾而作，故民國舊版凡一千兩百五十餘頁，可謂鴻篇巨製。此書從上古胚胎時期述起，直至民國時代。其中第二十六章「清—歐美法系侵入時期」轉引日本今井嘉辛在《中國國際法論》中的三個案例。對這三樁案件的處斷，不但當時一些國家予以非難，就是現在擺在面前，我們也不免心情複雜、難啟歡顏。

最早一件發生在一七八〇年，英國船成功號（Success）上一名法國水手與英國船斯塔蒙特號（Starmont）上的一名葡萄牙水手毆鬥，將其殺死後逃入「法國領事館」（當時未經中國政

府承認）躲藏了幾日，中國官員要求「法國領事館」交出犯人。法國人鑒於一七五四年拒絕交付殺害英國人的法國人，致使英國停止與其貿易的教訓，同意交付該犯人。犯人交付不久，即被中國巡撫下令斬首示眾，這一案件是中國處死西方人的最初例子。

一七八四年，停泊於廣州灣的英國船曉斯夫人號（Lady Hughes）的英國炮手施放禮炮，不慎炮中遺彈突發，炸死了中國人，中國官員主張抵命，要求英國船交出肇事者，英國人稱不知何人肇事，欲加拒絕，中國官員遂拘捕其船長當作人質。英國人被迫交出肇事炮手，後來中國官員稱奉北京皇帝諭旨，將該炮手斬首。

一八二一年，美國船艾蜜莉號（Emily）上的水手在船上投擲土器，恰巧一艘小舟經過，誤中小舟上的中國婦女，中國官員要求美方交出該水手，美方不允，中國政府遂斷絕與美方的貿易，最後美國人只好讓步。水手交出後，在沒有其他美國人在場的情況下，中國官員審理了案件，二十四小時內竟告斬首，將屍骸歸還給美國船，中美貿易旋即恢復。這件案子與法國水手案、英國炮手案一樣頗受非難。

在這些案件中，中國地方政府經過一番折衝樽俎維護了國家主權，算得上是值得彈冠相慶的勝利；但由於清朝的法律過分嚴酷，司法程序也過分野蠻，案件的處斷無論從實體還是從

程序上都損害了正義，正如美國當局所言：「當處在你們的領海時，我們服從你們的法律 —— 但它們是如此的不公正，我們礙難忍受。」

　　這真是令人開心不起來。中國法律起源悠遠，自黃帝、唐虞以及三代均有史籍記載，不但法律思想蓬勃發展，法律制度也體系完整、縝密，構成世界主要法系之一的中華法系。中國古代法制在時間上延綿了兩三千年，在空間上也具有巨大的影響。但在全球近代化過程中，中華法系作為帝制時期法律的代表，已明顯落後於時代。清朝政府和大小官員對此渾然不覺，不能見賢思齊，主動「參酌各國法例」、「務期中外通行」、「與各國無大懸絕」，造成的直接結果是「生息於近代最進步的羅馬英美法系的人，就很急於脫離中國法系的支配」。

　　歷史無情，艾蜜莉號水手案發生十九年以後，一場鴉片戰爭將中國法律近乎封閉式發展的局面徹底打破，西方列強趁勢以領事裁判權攫取了清帝國的部分司法權。在不得已情勢下，一九〇二年清政府為順應新的形勢和收回治外法權，下詔宣布模仿西方法制，從而開始了中國法制的改革和發展。有了這個開始，中國人乃有希望去博得一場更體面的勝利，能夠開啟歡顏的勝利。

　　但要完成這個圖景，需要的究竟是哪一代中國人？

　　楊鴻烈先生已經故去，無法回答這個問題。他生前出版的

第三章　拉著古人聊聊天

著作已墨香散盡，紙張泛黃；但在不斷流逝的時間中，中國法律的發達史還在續寫。活著的人該用怎樣的歷史感和使命感去續寫以後的歷史？

只要文字還活著

許多過去發生的事情，因為史料不備，呈現的是模糊的臉龐，宛如蒙著一層面紗；當史料被挖掘、被公布，人們深入了解時，歷史才真正露出它的裸臉，人們才有可能清楚認識它。

從一九四六年開庭到一九四八年宣判結束，遠東國際軍事法庭審判歷時兩年零六個月，距今已經七十多年。一九五三年曾出版過這場審判的判決書中譯本，一九八六年再度出版了《遠東國際軍事法庭判決書》中譯本。我讀到過早年的版本，字號很小，密密麻麻，洋洋灑灑，事實和證據論列詳細，邏輯嚴整，令人嘆為觀止。現在，無論是一九五三年還是一九八六年的版本，坊間都早已難覓蹤跡。當遠東國際軍事法庭審判因日本右翼人士的狂言悖論，成為人們重新矚目的焦點時，卻難覓這份判決書以供飽覽，多少令人遺憾。

我對遠東國際軍事法庭審判的了解，最初源自一九八八年所出版的梅汝璈遺著《遠東國際軍事法庭》一書。此書非全璧，梅先生未及竟稿便撒手西去，十分可惜。儘管如此，已經完成的部分仍然頗具價值，梅先生不僅為他那段難忘經歷留下文字

記載，也保存了一段珍貴的歷史記憶。全書文字真好，讀來絲毫不覺枯燥，許多內容引人入勝。近年再版此書，一冊在手，人們讀來可以了解東京審判那段歷史，同時領略梅先生文字的潤澤，真是一件快事。蘇聯曾有一部專述東京審判的書，斯米爾諾夫等人著，早已譯成中文。斯米爾諾夫曾以蘇聯檢察官身分參加遠東國際軍事法庭審判，後來還擔任蘇聯最高法院副院長、院長等職務，此書記載遠東國際法庭審判過程也頗詳細，值得一閱。此外，中文讀物中還有一些關於遠東國際軍事法庭審判的記述，一一計數，似乎也還可觀。

在這些文字中，有關檢察方面的內容，一般都有涉及，有的敘述得細一點，有的語焉不詳。我們能夠從《遠東國際軍事法庭判決書》中大概了解一些檢察方面指控的內容，但畢竟不如讀完整的起訴書來得直接。從梅汝璈的《遠東國際軍事法庭》一書，我們也可以看到檢察方面為控訴進行的準備和努力，以及檢察官面對辯護方咄咄逼人的攻勢時的應對，但檢察官那些充滿正義感的精彩陳詞，不可能在這本書中有完整的紀錄。

《南京大屠殺史料集》其中第二十九卷首次以中文發表了國際檢察局有關南京暴行的調查取證過程的報告，這份資料讓我們更清楚地看到歷史真實的面龐。史料集中還首次翻譯發表了遠東國際軍事法庭的《起訴書》、總檢察官基南的《開庭詞》以及向濬哲副檢察官的《有關中國階段的開庭詞》，使我們讀來

第三章　拉著古人聊聊天

彷彿置身六十多年前的那個法庭，感到正義的力量在激盪。讀到基南開場白時，相信遭受過戰爭的殘酷和苦難的中國人不會不動容：「未來戰爭將威脅到不僅是文明的生存，而且是任何生物的生存，這點變得具有如此的真實性，以致反覆強調顯得多餘和陳腐。人類一直渴望的和平問題現在到了一個重要的十字路口。因為我們所知道的破壞能力，即使是在很原始的階段已達到了這樣的規模，只有我們人類想像這種破壞能力的最發達階段，我們才能應對現實。在這十字路口，我們的問題，實際上，現在是對一個問題的回答：『活著還是去死』。」

在上一個動盪的世紀，以及尚未消除了動盪和災難的本世紀，這樣的話，並沒有因時間的流逝而過時。

只要文字還活著，人們為恢復正義做出的努力，就不會湮沒無聞。

第四章 巴掌大的一塊青天

　　司法似乎也是這樣。新的制度夾雜著舊的規範，舊的辦案習慣混合著新的司法理念。司法有著明顯進步，卻也存在不堪為外人道的愚闇與野蠻。

第四章　巴掌大的一塊青天

誰有權利寬恕兇手

這些年，大學宿舍不再是友情的代名詞，在那裡，有人逝去的不僅僅是青春，還有生命。中國的大學宿舍因曾發生馬加爵惡性殺人案件而被賦予了多重內涵。而近年屢次發生的投毒案，已經成為大學生活的一大夢魘，朱令鉈中毒事件，久為懸案，至今未破。

這些案件令人震驚，那些在讀大學生，都是萬里挑一的優秀高中生，卻有人選擇對自己毫無防備的同學痛下殺手。復旦大學投毒案一經披露，轟動一時。兇手林森浩被抓獲後，曾有人呼籲判處他死刑，為黃洋申冤，這一呼籲得到不少人的認同。

黃洋遇害後，有媒體披露，在林森浩一審被判處死刑，立即執行之後的二審中，復旦大學有一百七十七名大學生聯名上書求情，要求上海市高級法院手下留情，媒體報導稱，這封題為《關於不要判林森浩同學「死刑」請求信》由復旦大學一位經濟學教授與法學院的學生共同起草。一百七十七位聯署的求情者承認林森浩的罪行「不可原諒」，理應得到其應得的刑罰；但同時指出，林森浩在學期間做過一些好事，並非本性兇殘之人，希望法院不判死刑，給他一次重新做人的機會。這封信一經披露，在社會上引起很大爭議，有人指斥這些求情者「法盲兼腦殘」，他們的行動是「教育失敗的悲哀」。被害人的父親也

表示不能接受求情信上的請求，他不能原諒林森浩下毒導致他的兒子死亡。

這封信令人想起一些案件發生後，被告人的家屬、律師、同儕等收集提供的諸如村民、同學、同事聯署要求「刀下留人」的意見書。這些意見書固然沒有對法院裁判的約束力，也不必疑慮其有干預司法之嫌 —— 聯署者無權無勢，談不上干預，但影響司法裁判的意圖是明顯的，這種影響並沒有違法之虞，只是法院在「民意」面前應當有自己的定力，不應隨「民意」搖擺，何況有些「民意」只是窄化的同村村民、同校校友、同事的「親友團」意見。

我感到困惑的是，這份求情信為何公之於眾？如果是求情人、律師、被告人家屬將其公開，目的是影響、扭轉對被告人不利的輿論？如果是法院公開，是為了司法透明化還是投石問路，用這封信試試民意的水溫以決定是否改判？後者難免會讓人聯想起在藥家鑫案中，西安市中級人民法院向旁聽席上的民眾發放應不應判處死刑的調查問卷，這些旁聽者中又有不少藥家鑫西安音樂學院的同學。

復旦大學一百七十七名求情者隨「求情信」還送上一份《聲明書》，聲明表示願意代黃洋盡孝，盡一切力量幫助其父母。黃洋的家境確實不富裕，但一百七十七名大學生的盡孝說，卻讓人有些反感。黃洋已經死去，只怕是誰也代替不了基於骨肉

親情關係所能盡的孝道。一百七十七名大學生如何兌現「盡孝」的意願表達，也是一個讓人疑惑的問題。況且，對於黃洋的死亡來說，父母的傷痛也不能簡單化為一個盡孝問題。對於黃洋的父母來說，這一份求情信和聲明書，造成的也許是第二次傷害。

到底誰才有權寬恕兇手？

我想答案簡單而明確，只有受害者才有權寬恕兇手。這裡的「受害者」既包括死者本人（對於本案來說，黃洋已經永久失去了表達意見的權利，這是兇手投毒造成的惡果），也包括痛失愛子的父母或者死者其他近親屬。其他任何人都沒有權利代替表達寬恕之情，越俎代庖地表達對兇手的寬恕不但無聊而且無恥。

我不知道上海市高級法院是否曾經考慮改判，現在大學生犯罪司法上網開一面並不鮮見，甚至形成一種慣性思維。我只希望，司法審判能夠將這種身分的被告人放在與其他身分的人同等的地位上，來審視其罪與罰的問題，畢竟司法理性對於司法公正來說是至關重要的，司法女神正是為此而蒙住雙眼。

沉默是金

　　法院及法官不在判決外對案件作出解釋，是與法院消極、克制的司法特性及法官緘默的司法品格相連繫的。蔡墩銘先生在《審判心理學》一書中指出，法官是經過國家任命而從事審判工作的人員，其審判職業的特殊性使其產生特定的心理傾向，並形成一種特殊的司法氣質（judicial temperament），包括仁愛、自制、謙虛、精細、勤勉、忠誠、勇氣、犧牲、緘默、反省十項。就「自制」而言，「審判官既負有平亭人民曲直，維護社會倫理規範之任務，自應本乎理智，依客觀慎重將事，不能任憑感情因素出入其間，以致其判斷之公平與正確，遭受不當之影響。要之，訴訟案件審理之是否順利，恆依審判官在審理時有無耐心及是否控制其情緒而定。」這裡提到的「緘默」，展現在訴訟過程中，便是「審判官判斷案情，需要思考，而對事理之深入思考，其心境必須寧靜，無法保持心境寧靜者，不必要之舉動多，則易於失去理智，於是難以辨別是非善惡，在此情況之下，何能期待審判官為適當正確之裁判？」英國哲人培根稱在〈論司法（*Of judicature*）〉一文中指出：「耐性及慎重聽訟是司法官的職務之主要的成分之一；而一個嘵嘵多言的法官則不是一個和諧的樂器。」

　　法官的克制和緘默表現為，對於外界影響，法官不致採取

第四章　巴掌大的一塊青天

無意義的舉動。身為法官，不必順應輿論，或以此作為論罪科刑之參考；更不必只因外界的批評，一味為自己的行為辯護。法官在判決書中，對於判決的理由揭載，法官對案件的認定應展現在裁判書中，裁判書之外，沒有必要再作說明。正如蔡墩銘先生指出的那樣：「蓋審判官之判決，已在判決書內敘述其理由，對於認定事實與適用法律各點既予以詳盡之說明，則當判決書正式發表之後，實毋庸在法庭外為多餘之補充說明。此因法庭外之說明，不但於事無補，且必引起反覆之辯駁，徒使司法信譽受損，而無任何實益。英國法諺謂：『審判官不為辯解』，確屬有感而發。」儘管最高法院要求各級法院在判決書中充分說理，該案的判決書說理卻並不充分。法官接受記者採訪，公開發表對案件的看法和意見，甚至法院召開記者招待會詳解某一案件，沒有多少人意識到這有悖於法院及法官應有的緘默形象，對司法的尊嚴實屬有害無益。

法官緘默，不僅僅因為緘默展現了人的一種良好習慣和氣質，而且也與法官的角色特性有關。法官應當銘記 M. 梅特林克（M. Maeterlinck）的一句話：「言談也是偉大的，但不是最偉大的。正如瑞士人所說的那樣：『言談是銀，沉默是金』；或者，如我所認為的那樣，言談是有時間性的，沉默卻是永恆的。」

社會正義的「活人祭」

社會不正義之「慶父不死」，社會矛盾引發惡性事件就「魯難未已」。

「社會正義」主要展現在人們居住、學習和工作這三個領域，涉及人們平等的居住、學習和工作的權利。人們關注的社會正義主要與《世界人權宣言》表達的如下權利有關：「工作的權利，自由選擇就業的權利，獲得公平而有利的工作條件的權利，保證就業的權利……同工同酬的權利……」、「直接與人的個性的全面發展及進一步尊重人權和基本自由有關的教育的權利……」、「獲得有利於自身和家庭的健康和福利所應達到的生活標準的權利，包括食品、衣物、住房、醫療保健及必需的社會服務等。在失業、疾病、傷殘、寡居、年邁或在人們無法控制的環境中缺乏其他生活保障的情況下，獲得社會救濟的權利。」羅爾斯（John Rawls）在《正義論（*A Theory of Justice*）》一書中，具體解釋何謂「社會正義」：「為使觀念確定起見，讓我們假定這樣一個社會，這個社會是由一些個人組成的多少自足的聯合體，這些人在他們的相互關係中，都承認某些行為規範具有約束力，並且使自己的大部分行為都遵循它們。」

社會中的人既有利益一致性，也存在利益衝突，「由於社

第四章　巴掌大的一塊青天

會合作，存在著一種利益的一致，它使所有人有可能過一種比他們僅靠自己的努力獨自生存所過的生活更好的生活；另一方面，由於這些人對由他們協力產生的較大利益怎樣分配並不是無動於衷的（因為為了追求他們的目的，他們每個人都更喜歡較大的份額而非較小的份額），這樣就產生了一種利益衝突，就需要一系列原則來引導在各種不同的決定利益分配的社會安排之間選擇，達到一種有關恰當的分配份額的契約。這裡所需要的原則就是社會正義的原則，它們提供了一種在社會的基本制度中分配權利和義務的辦法，確定了社會合作的利益和負擔的適當分配。」羅爾斯還提出「組織良好的社會」的概念，「一個社會，當它不僅被設計得旨在推進它的成員的利益，而且也有效受著一種公開的正義觀管理時，它就是組織良好的社會。」在這樣的社會，每個人都接受、也知道別人接受同樣的正義原則，基本的社會制度普遍地滿足、也普遍為人所知滿足這些原則。簡單說，組織良好的社會就是社會正義得到保障、能夠實現的社會。

當社會正義原則被違反，個人自由權利受到侵犯，平等原則被歧視所破壞，司法救濟管道的暢通就十分重要了。亞里斯多德指出：對於不正義，「在爭論不休的時候，人們就訴諸裁判者。去找裁判者就是去找公正，裁判者被當作公正的化身。訴諸裁判者就是訴諸中間，人們有時把裁判者稱為中間人，也就

是說，如果得到中間，也就得到了公正。公正就是某種中間，所以裁判者也就是中間人。」社會正義的維護，需要兩個條件，一是法官本身有較強固的現代社會正義觀念和道德勇氣；二是對於訴至法院的案件，法院不能以無法律根據為理由拒絕裁判。不正義的事實發生或者被認為發生，糾紛不能自行解決而訴至法院，動用公權力為權利受損害者提供司法救濟，屬於法院裁判義務的應有之義，法院不能以沒有法律依據為理由拒絕履行維護社會正義的國家功能。

如果社會正義實現的機制健全而且運作良好，那些社會底層的人們，不再長期生活在歧視、欺侮、暴力逼迫和精神脅迫之下，他們付出的辛苦能夠即時轉化為個人的財物；如果我們的社會機會均等，社會分配合理，當他們的權益受到損害，可以借助納稅人供養的國家專門機關討回公道，他就沒有必要懷揣利器，叫罵乃至廝打，又怎麼會出現殺亡的慘劇呢？

無奈之下，被欺凌的人除了尋死覓活，或者假裝尋死覓活尋求政府和社會的關注，還有什麼方法可想？

面子、心態與法律的尊嚴

曾經有偵查機關陷入了二十二條軍規式的困境：對於一樁事實，地方法院作出了生效的民事判決，但經過偵查機關偵

查，這一事實實際上構成了刑事犯罪，地方法院提出刑事審判，確認該事實構成犯罪再改民事判決，但偵查機關面臨的問題是：不糾正該民事判決，就不能啟動刑事審判程序。

於是司法機器吧嗒一聲，處於「當機」狀態，對本案進行的法理探討就此熱鬧展開。這個案件，涉及生效判決的既判力問題。

烏爾比安（Domitius Ulpianus）在其《論尤利安和帕比亞法》第一編有一句著名格言：「已決案被視為真理。」我愛這類短語，恨不得有機會就引它一用。句子那麼短，卻一語中的，多了不起。烏爾比安這句格言表述的是既判力，這詞有點艱深，簡單一點說，判決一旦生效就幾乎牢不可破，一般情況下不可推翻，法官不能輕易改變或者撤銷，這是穩定已發生紊亂的社會關係所必需的。不過，「視為真理」不一定實質上就是真理，法官判決的真正權威在於它實質的公平性、正義性，也就是按照法律的正當程序對案件的證據、事實進行正確認定，然後準確適用法律正確裁決。生效判決一旦被證明確實是錯的，將如何呢？民事訴訟法學者承認：「從作出正確、公正的裁判的理想來說，不管有什麼樣的瑕疵，一律不准撤銷已確定的判決，也是不合理的。」由於這個緣故，人們可以透過法定再審程序改變這一判決。

所以，問題本來可以不這麼複雜。對於確實有實質錯誤的

生效判決可以提起再審，法律規定了對生效判決重新審判的條件，允許對「在認定事實和適用法律確有錯誤」的案件再審，這些規定展現了「實事求是，有錯必糾」的方針。那麼，對於以「實事求是」為原則的審判機關，當有證據表明已作出的生效裁判存在錯誤，應當以法定審判監督程序改判。這個管道應當始終暢通。

然而，這個管道卻被作出民事生效判決的法院堵塞了。

我們無從了解該法院對改判如此消極的原因 —— 是與偵查機關的認識有分歧嗎？然而法院明明表示「你審你的刑事案件，你作出八十萬『抹』帳是刑事犯罪，我再改我的民事判決」，並沒有對偵查機關的認定提出異議。是為了維護本院的權威或者本院法官的顏面嗎？實際上，法院和法官的真正權威，只能來自正確確認事實和適用法律，當已經發現誤認事實或者錯誤適用法律的時候，有錯必糾、積極改正才能最終維護法院和法官的權威；反之，有錯不改、固執己見，只會進一步損害法院和法官的權威。那麼，還有一種可能，就是自以為有權力，進行了錯誤判決也拒絕改正，甚至不允許他人質疑，要是這樣，這心態就有法醫病理學價值了。

班傑明‧迪斯雷利（Benjamin Disraeli）也有一句名言短句，足可與烏爾比安的媲美，云：「正義乃行動中的真實（真理）。」違背真實，發現了又拒絕糾正，可不一定符合正義的理

想。人們期望於法律的，是它具有公正的特質；人們期望於法院的，是能夠實現公正的法律。當法院應當依法律的規定糾正錯誤判決，卻消極怠惰不去糾正時，被蔑視的是法律的尊嚴。

如果法律尊嚴不能被維護，人們聽到的，將是法治理想崩潰的聲音。

等不來的果陀

有時，一樁法律關係如此簡單清楚，卻多年未果，實在一奇。執法處境如此不堪，真讓人疑心法治是否會像貝克特（Samuel Beckett）荒誕劇《等待果陀（*En attendant Godot*）》中那個左等也不來、右等也不來的果陀？

實際上，司法環境的改善，行政機關責無旁貸。行政權具有積極性，其功能之一是維護治安，所以保持社會穩定主要是行政機關而不是司法機關的職責。人民法院執行生效判決，只要依法進行，行政機關應當配合。而行政機關不積極作為，將自己應當承擔的職責壓在法院頭上，這是法院終於陷入困境、動彈不得的重要原因。

執法與穩定本不應當存在矛盾，司法恰恰是以和平手段解決社會紛爭的方法，如果公正執法會破壞穩定，那是社會不健

全的表現，需要治理造成這種不穩定的因素。如果保持穩定必須犧牲法制，這樣的代價將是敗了官司、輸了理的一方都以穩定相要挾，法治還會有實現的一天嗎？

如今，許多官員喜歡暢談「依法治×」，對法治的重要性似乎個個頗有心得。但在實際對待不利於本地區的司法審判以及由此產生的裁決時，卻又常常忘了法治為何物，甚至鄙夷不屑認為「打官司能幹什麼」，於是行政權干預司法、人治壓倒法治的現象屢見不鮮，怎能不令人嘆息！

不自願豈可得乎

有一幅漫畫：某有錢人坐在桌前饕餮，腳下一條狗搖著尾巴取媚他，久之，有錢人注意到這隻狗，放下啃嚼的食物，俯身抓住狗的尾巴，拿起餐刀把尾巴割下來，拿給那條狗叼著，繼續自己的美餐……

這幅漫畫把有錢人的慳吝刻畫得富有喜劇性。那條狗討好了半天，沒有從有錢人那裡分到半點殘羹：嘴巴裡銜著的，不是有錢人給的肉骨頭，是自己的尾巴。這情景令人發噱。

我們的司法機關和行政執法機關，時常有些破天荒的新舉措，成為大眾傳播媒介競相報導的焦點新聞，惹得輿論浪花四

濺，頗為熱鬧。隨便用眼一掃，就能看到，諸如在刑警部門以投競標方式破案和緝捕在逃人員、懸賞交通違規檢舉人等，真是想像豐富，花樣百出。如今又是法院懸賞獎勵檢舉賴帳者財產實情者，新鮮，也不新鮮：新在這種辦法還頭一回鄭重其事地用在民事執行中；不新在那思路還是一貫的 —— 用賞金來擺脫某種困境，推動某些難題的解決。

只不過，這回不是從國庫裡往外掏銀子來獎賞檢舉者，也不是讓被執行人「買單」，而是申請執行人自己出資解決「法院白條」問題。

表面上，這跟那幅漫畫似乎沒有關聯。我們的法院並不是案前饕餮的富者，也絕不慳吝。事實上，法院有幾分像西天路上的唐三藏，看起來很體面很風光，其實在賴帳者面前，往往束手無策。不過，仔細想一想，原來法院和申請執行人的關係，還是有點漫畫裡的意思 —— 申請執行人眼巴巴等著法院借助國家強制力為自己討回公道，法院果然要做點什麼了，於是我們看到它彎下腰，從申請執行人的口袋裡掏出錢 —— 為解決申請執行人的眼飢肚餒而出資懸賞，正所謂「羊毛出在羊身上」。

法院在執行中的尷尬處境和執行申請人的無奈，令我大為同情。多年來，法院並非不想一舉解決執行難的問題，但是既然找不到敗訴方可執行的財產，法院縱有強制執行的手段，又

如何為這無米之炊？如今法院推出懸賞的舉措，也有不得已而為之的意味，這是不難理解的。至於執行申請人，則令人覺得多少有點冤枉，早有人提出這樣的疑問：案件應由法院負責執行，線索「賞金」由執行申請人買單是否妥當？

一個判決如果無法落實，受到有形損害的，是訴訟中勝訴的一方；受到無形損害的，是法院的威信。判決的執行，不能說只與勝訴方的私人利益有關。法院落實自己判決，不但是保障勝訴方的權利，更為重要的，是使法院的判決得到尊重，使國家的法律得到尊重。使這些得到尊重，是法院的義務，最終要透過兌現判決加以實現。

法院要兌現自己的判決，當然希望敗訴方自覺履行判決確定的義務，只有當敗訴方拒絕履行判決的時候，才動用國家強制力保障判決內容的落實。這兩者存在一定的連繫：正因為敗訴方拒絕履行判決，法院才會強制執行；法院能夠透過強制執行，使判決件件落實，敗訴方將會因拒絕履行判決得不到任何好處，反而額外支付一筆執行費用，也會自動履行判決。

這個過程，勝訴方毋須支付費用。

在民事訴訟中，訴訟費一般由敗訴的一方承擔；判決生效後要強制執行，執行的費用也由敗訴的一方承擔，是天底下再合理不過的制度。如果額外增加一些費用，並由勝訴一方承擔，意味著勝訴方得不到自己應得的全部利益，權利的實現是

打了折扣的，意味著他的損失是必然的，爭的就是一個損失大小的問題，這顯然與法律切實保護當事人合法利益的宗旨不一致。

法院也注意到，如果強制由執行申請人支付賞金，於情於理，都說不過去，於是將「申請執行人自願獎勵」作為首要原則，強調執行申請人「買單」出於自願。

由此一來，這一制度看起來合情合理了，其實不然。

執行申請人的做法，是剜肉醫瘡，要說他自願，是無視常理，問題的實質在於：他不自願，豈可得乎？

在法院執行難的情況下，執行申請人面臨的處境是：一樁案件，經過一番法庭內外的苦鬥，延宕許久，總算分出個勝負，但敗者毋須憂，勝者不必喜，因為真正的勝利還在判決的內容是否落實。很多案件，法院找不到敗訴者可供執行的財產，判決根本得不到落實。在這種情況下，贏得判絕不過意味著贏得一張白紙，除了心理上得些安慰以外，勝訴人得不到多少實惠，最後還是敗訴人笑到最後，笑得最好。面臨這樣的處境，執行申請人只好病篤亂投醫。只要能要回大部分錢，有些損失也甘心了。這正如有些債權人，寧願以低價將自己的債權賣給別人，允許別人去討債和打官司，是因為受不了那個拖累和判絕不能兌現的風險，這才兩害相較取其輕，不得已出此下策。他的「自願」只是困境下的無奈選擇，哪裡是真正的心

甘情願？

　　由執行申請人出資懸賞解決法院執行難的問題，本是一種乖謬的現象。我並不反對執行申請人透過這種方法使自己遭受小一點損失而避免更大的損失，但法院把這當作一項值得誇耀的成功經驗，並且宣稱採取這一措施是出於執行申請人的自願，就有點不近情理了。因為，問題的實質是，法院不能透過其他辦法兌現判決，卻要執行申請人為法律的落實付費。

　　如果一定要在羊身上拔毛，也要在聽羊說「自願」時，但不要真以為那是自願。

尷尬的「福爾摩斯」

　　「偵探」一詞本是軍事術語，英文為 spy，進入敵人的作戰地帶探知敵情者，即為「偵探」，又名間諜。我們常說的「私人偵探」或者「私家偵探」中的「偵探」，相對應的英文詞是 detective，意思是調查者。私人偵探或者私家偵探就是受私人僱用而進行調查的專業人士。

　　提到私人偵探，我們都會立即想到柯南‧道爾筆下那個高高瘦瘦、有驚人洞察力的英國偵探夏洛克‧福爾摩斯。

私人偵探在西方通俗文學中占有重要地位

　　在英國文學中，私人偵探題材的小說很多，也很有名，這一點無足為怪，因為據說私人偵探就是在英國起源，在歐美國家，這個行業至今仍很發達。有這樣一種說法：「隨著時代的發展，這類機構已經舊貌換新顏了，已經從過去的手工作坊變成了純職業化（有高度專業化的工程師和技術員）。」據統計，美國私家偵探從業人員已達一百六十多萬，是美國正規警察人數的三倍，這個行業的年營業額超過一千億美元，名列世界首位。私家偵探的主要業務包括保險業調查、商業調查、民事調查，甚至為國家獲取情報，有時還調查跨國政府醜聞與官員腐敗。最著名的事件是二〇〇一年年底，美國私人偵探所參與緝拿涉嫌販毒的墨西哥金塔納羅奧州前州長馬里奧·維拉紐瓦

(Mario Villanueva)。

　　私人調查某些事實，並不是新鮮事。探知真相，不僅僅是好奇心驅動的行為，有時也出於其他目的。私人偵探與一般私人調查不同的，是他具有職業性、專業化和盈利性。

　　私人偵探調查活動的範圍，分為民事調查領域（包括商業領域）和刑事調查領域。人們議論私人偵探業，話題往往集中於民事調查和刑事調查共同存在的問題，一是公民（這裡指被調查者）隱私權等權利的保障，探知真相往往涉及當事人權利的維護或者侵犯，當調查含有某些不可告人的卑下目的之時，這一問題更加突出；二是釐清與國家專門機關偵查權的關係，也就是私人偵探的活動可能會侵越偵查權，亦即私人偵探可能會行使應由國家專門機關壟斷的偵查權。這兩點是人們討論私人偵探時主要擔心的問題。私人偵探自己談這個話題，他們願意再加上一條：私人偵探本身的人身安全問題。

　　私家偵探都有一定的相關經驗和較強的工作能力。他們大多來自警察、檢察機關，有些還是部隊退伍的偵察兵、律師或者社會經驗極豐富的其他領域之人。對這些人來說，做私家偵探駕輕就熟，小菜一碟。有一些剛踏上社會的大學生也躍躍欲試，乃至開始當私人偵探，但人數很少 —— 做這行光靠腦子還不夠，人生閱歷和社會經驗會幫上大忙。

　　私人偵探有幾種，一種是智力型偵探，一種是體力型或者

說是臂力型偵探，人們稱之為「硬漢」。在實際生活中，表面上看偵探應該盡量平民化，但必須有超常的智慧、耐心、毅力和體能。因為他們的工作風險高，一旦遇到麻煩，並無特權，能夠得到的保護與一般人民沒有多大差別。還有一種關係型偵探，依靠與相關機構、特定人員的關係來獲得情報、牟取利益，就像關係型律師一樣。

比利時偵探赫丘勒‧白羅

　　私人偵探業有無存在的必要？要回答這個問題，要看社會對於此種職業是否有需求，還要看這種需求是否正當以及有無其他合理管道提供滿足的可能。

　　事實上，社會對私人偵探行業確有需求。曾有律師表示：「社會上對這個行業的需求非常大，我們的工作現在已經多到接

不過來了，其中個人民事調查占業務的主要部分。」他認為：「一般的公民的合法權益受到侵害時，當事人卻不具備法律所規定的相應調查權，也沒有技術和能力展開調查，往往處於孤立無援的狀態，這就需要第三方力量提供幫助。」

私人偵探業存在的原因之一，在於公權力涵蓋的範圍畢竟有限。國家權力是為民眾服務，很難保證一切個人的所有權利都透過國家權力的運作實現。那麼，國家權力運作的結果未能保障當事人的合法權利，是否允許當事人尋求合理的、正當的自力救濟管道呢？換句話說，當事人自己是否可以調查？如果可以，那麼當事人延請第三者進行調查，是這種權利的延伸，應當也是允許的。例如，在發生司法錯誤的情況下，如果不允許私人展開調查，正義就不能實現。要實現社會正義，司法正義，此類調查不可避免。

實現社會正義、司法正義需要以私人偵探作為當事人補充公權力救濟。有一些調查，公權力介入不足或者根本不會介入，前者如失蹤人調查，後者如徵信社，都是如此。在智慧財產權保護方面，私家偵探日漸顯示出其獨特作用。有些企業的商業祕密被人竊取，企業請私家偵探了解企業所屬產品被侵權假冒的情況和找到證據，要是尋求政府部門做這些事情，確乎難以遂願。

另外，要落實某些法律規定，需要私人調查機構參與。《民

法》規定，如果夫妻一方有重婚或其他違反一夫一妻制的行為，無過錯一方可以請求損害賠償，那麼誰去調查呢？如果自己無力明查暗訪，只好找人幫忙，破費些錢財找專業人士更容易達到目的。

庭審方式改革後，法官變得消極中立，強化了訴訟對抗性，一般性的調查不能取得相應證據、了解事實真相，需要專業調查，私人偵探就有了用武之地。法院作出判決，要落實判決結果，有時需要調查可執行財產的情況。有人明明有錢，卻故意欠債不還，委託人就可請私家偵探幫助摸清對方財產狀況和下落。當前私人調查業務量最大的就是執行案件、債務糾紛案件相關調查以及商業祕密調查。

對於某些訴訟或者非訴訟案件涉及的事實，律師也需要借助私人偵探進行調查，私人偵探成為律師展開業務活動的重要幫手。

不過，真要允許私人偵探業存在，卻也使人擔心。這是因為私人調查機構容易成為心懷不軌者侵犯他人合法權益的工具。媒體曾報導，一些由民間調查機構引起的詐騙鬧事、暗中拍賣被調查人家庭隱私情報資料，甚至敲詐勒索等事件，情形頗為不堪。

私人偵探容易「私和公事」。在古代，除告訴乃論（告訴才處理）之外的刑事案件，尋求私下了結稱為「私和公事」，絕大

多數案件依法應受國家訴追,被害人或其親屬私自收受加害人之財物,或者其他利益作為損害之賠償而私行和解,使國家刑罰權不能落實。私人偵探的調查使事實凸顯,卻不向國家專門機關報案,迫使加害人向被害人提供金錢財物,使案件私了。

因此,要允許私人偵探業存在,對於可能出現的種種亂象,不能不預加防範。

私人偵探要行端履正,其自身素養應有一定水準,這裡所說的素養主要是指法律素養和專業技能以及職業操守。曾有法學院教授表示,「私人偵探」行業內部應定期互相溝通,制定出一個自律機制,形成統一的規章制度,規範整個行業;一旦這一規範得到有效實施,對整個社會治安、經濟發展都能夠造成良好的促進作用。

第四章　巴掌大的一塊青天

　　當前從事調查工作的「私人偵探」的尷尬不僅來自官方禁令，還來自自身素養及業務水準的局限。

塑造了著名偵探「福爾摩斯」的柯南‧道爾

　　現代的私人偵探，該如何面對這樣的嘆息？

第五章　活人的司法

　　要讓幾乎所有的司法官都有良心，必須提供使他們具有和保持良心的外部環境。這就要求，選任司法官必須注重其個人品格，社會和政治法律制度要有助於司法官保持良心 —— 當秉著良心司法之時，他應當擁有免於恐懼的自由。

第五章　活人的司法

司法四病

　　扁鵲見蔡桓公是我少年時熟悉的故事，那時法家正被熱捧，韓非子是法家代表人物，他講的扁鵲故事自然容易傳播。這個故事裡有個名字古怪的醫生叫扁鵲（後來才知道那是個綽號，真名叫秦越人），順便產生兩個成語：諱疾忌醫和病入膏肓。那時蔡桓公病重，扁鵲見該病為其醫術之所不及，一溜煙跑到秦國去，避免「醫死人」，鬧出「醫患糾紛」。此前扁鵲多次苦勸其「早發現，早治療」，蔡桓公不但不聽，還對扁鵲鄙夷兼嘲笑，終於病情危殆，一命嗚呼；待我年紀稍長，又知道三國時期有個名醫華佗，要為曹操開顱治療風疾，反被阿瞞疑心，不小心丟了性命。這算是另一個諱疾忌醫的故事，讓我知道做醫生有時凶險萬狀。

　　不過，人之患在好為人「醫」，有時閒極無聊，誰不想過把醫生癮？不敢為人診病，就拿司法練手。

　　我觀近年來司法領域，真感覺目迷五色兼熱鬧非凡 —— 不但一系列指標性案件吸引萬眾圍觀熱議，有的案件還激起對立兩派口誅筆伐，罵戰不絕。輿論的狂歡一波又一波，正面的也有，負面的也有，法官組團嫖娼、開房偷歡，不免使波瀾起伏的輿論帶有一抹桃紅。

　　這實在讓人不安，司法乃解決各種糾紛的國家機制，人們

期望它保障正義不遭滅頂，在驚濤駭浪中，司法是讓希望不致沉淪的諾亞方舟。許多人把司法抬得很高，譽之為「正義的最後一道防線」；但又常常發現，這防線不過是馬奇諾防線，經不起一場閃電戰的摧折。

司法是不是染了點小疾才會如此？

我穿上白大褂，對司法望聞問切一番。這沒看沒有事，一看就看出毛病，讓自己不太開心。以拙眼觀察，司法的毛病有四。拿紙筆來，讓我分述如下：

一曰司法腐敗。司法腐敗乃陳年舊疾，《竇娥冤》中知縣桃杌和《楊三姐告狀》中縣長牛成，都是這方面的代表。他們把前來打官司的都看作衣食父母，銀子決定了司法的走向。這種風氣古已有之，便是到了當代，也還不免，真令人浩歎。司法腐敗乃公權力腐敗之一種，通常與金錢利益有關，「有錢能使法官推磨」，是不易的規律。對於司法腐敗，人們怨憤已久（連腐敗者在臺上談起腐敗來也是義憤填膺呢）。此病乃深藏不露之病，好治也不好治，好治在見光便死，把罪惡揭露出來，病就去了一半；不好治在病發在暗箱之中，通常不為外界所知。司法帶病運行，一時奈何它不得。

二曰司法專橫。司法專橫的一般含義是法官個人專橫，表現為在行使司法權力時任意妄為、專斷強橫。司法以法律為準繩，豈能為法官玩於股掌之上耶？！古時《十五貫》中，知縣

過於執就屬於專橫司法之官。法官的專橫與腐敗常常結合在一起，司法之所以腐敗，往往因為腐敗者掌握著專橫的權力。

但司法專橫本不以腐敗為條件，不受賄賂的法官也可能會在缺乏有效制約的前提下行使專橫的權力。清代小說家劉鶚在《老殘游記》一書中痛詆清官的司法專橫：「贓官可恨，人人知之；清官尤可恨，人多不知。蓋贓官自知有病，不敢公然為非；清官自以為我不要錢，何所不可，剛愎自用，小則殺人，大則誤國。吾人親目所睹，不知凡幾矣……作者苦心願天下清官勿以不要錢便可任性妄為也。」這裡痛詆的清官，並非所有的清官，只是清官中濫施司法權的酷吏。論對司法公正的戕害，司法專橫並不亞於司法腐敗。

何以黑臉包公如此深入人心？黑，有股懾服人之天然力量也！

三日司法偽善。古時衙門審案，公堂之上常懸掛一匾，上書「明鏡高懸」四個大字，不知是裁判者自我提醒還是自我標榜，抑或是做給一般民眾看看，大概是一種政治或者司法裝

潢。如今司法機關也常有口號，十足打動人心，卻往往經不起嚴格檢視。在司法為民的口號喊得震天響的同時，司法人員與民眾越加疏離——過去法衙寒酸，百姓入門不難；現在高樓矗立，民眾卻常阻於門外，被門前兩隻石獅漠視。司法左一個透明右一個公開，社會廣泛關注的焦點案件卻盛行偽公開主義——名義上公開審判，旁聽席位早事先安排法官家屬或者脫了制服的法官、法警將其填滿，外面一早奔過來旁聽的一般民眾，大宅——門兒都沒有；媒體採訪，也精心安排央級媒體昂然進入，其他記者朋友只能大眼瞪小眼，在門外等著吃點庭審訊息的殘羹冷炙。有的案件在開庭，不過是表演式審判（Show Trial），居然庭前進行排練，一次不滿意還要再來一次，甚至拉上律師一起陪練，把庭審當跨年晚會來彩排，真是滑天下之大稽。

四曰司法庸懦。庸者，平庸、庸碌也；懦者，懦弱、卑屈也。或問：既然司法專橫又何來司法庸懦？說怪也不怪，司法專橫乃對於無權、無勢、無錢的小民而言。對下驕者對上必諂，對民眾專橫者對於長官必庸懦。試看司法機關對於來自上位權力的干預，怎敢說個不字？司法機關若遇上刁民，亦常見司法庸懦，有某上訪者前來法院纏鬧，要求法院賠錢，理由是法官用法槌敲擊法臺令其受驚，精神衰弱寢食難安，法院被他糾纏，賠二十萬元了事，騰笑四方。司法機關乃強勢機關，有

第五章　活人的司法

國家司法權在握,居然面對一刁民束手無策,乖乖就範,成何體統?此二十萬元乃納稅人的錢,怎能隨意支取,供難纏小鬼索去?

上述四項乃病症,若不細加分析病因,便不配做個合格郎中。這些病症,病因不外乎以下幾點:

司法腐敗、司法專橫、司法偽善和司法庸懦的根本原因,在於民眾無法透過民主機制對司法權進行掌握。實際上,人民不可能共同行使司法權,只能將其「委託」給遴選出來的一小部分人行使,司法的良莠取決於這些人員的素養,也取決於民眾能否透過民主途徑制約這些司法官員,做不到,司法就容易頹壞。

其中司法腐敗的原因在於,利益追逐的官僚特徵未能遭遇制度的橫阻,於是腐敗動機與腐敗機會相遇苟合,金錢或者其他利益就左右了司法。

就司法專橫的病因來說,國家是在特定區域內使用強制性手段並具有合法壟斷權的制度安排,在權力高度集中、政府對社會嚴密控制的國家,使司法者承旨司法,這種司法不向人民負責,而是充當統治人民的工具。在這種體制下,司法機關對任何來源的監督和制約都表現出強烈的敵意,濫用司法權,犧牲當事人利益,明知司法不公正而逕行判決或者拒絕糾正,司法專橫就展現出來。

現代社會民眾對司法期待很高，不良的司法會激起社會的不滿，為了平息社會的不滿情緒，挽救司法公信力，就需要對司法加以改良。當無法治癒司法惡疾的時候，不妨貼點膏藥，做點保守治療的外科功夫，讓街市呈現表面的太平，上司滿意，本官就有了升遷的機會，其樂融融，於是司法偽善便搬演發表。

司法庸懦主要來自司法官僚體制，官僚主義的本質特徵，是不對人民負責，只對給他官做的人負責，於是對於權力上位者只有百般逢迎，呈現懦弱、卑屈的姿態。人民決定不了本官的仕途前程，當然就「門難進，臉難看，話難聽，事難辦」；刁民一出，可能會影響本官的前程，上司會怪罪不會辦事，於是用錢擺平，求得一時的平安。

病因如此，如何醫治？我非懸壺濟世的良醫，也無起死回生的良方，不過，既然要非法行醫一回，不妨把冒充醫生做到底，提出幾條治病之術，或可誤打誤撞，討個利市。

司法人員濫用權力，是在缺乏正當程序約束的條件下，或者衝破程序約束而形成的，可能得到最高權力者的鼓勵或者默許（如稱帝後的武則天對酷吏的任用）。要遏止司法專橫，必須建立起合乎人權保障、設計合理、周密科學的程序，特別是程序本身要具有「實質上的正當性」；同時，必須有效制約司法官，使之正當行使權力，即司法活動要符合「程序的正當性」，只有

第五章　活人的司法

這樣，才能既剪除贓官，也剪除自命清廉、恣行暴虐的酷吏。

官民疏離的原因之一，是對於接受「委託」的司法人員如何行使權力，「委託人」（人民）未能實現知情權。在民主機制健全的社會，人民的知情權透過大眾傳播媒介來保障，就是說，人民透過新聞媒體來獲知事實真相。對於不良的司法活動，人民加以批評，促其改進，輿論壓力可以促成司法制度發生重大變革，所以在人民有充分知情權和表達自由的社會，司法腐敗、司法專橫、司法偽善和司法庸懦會受到極大的遏制。反之，不良司法就難以得到改善。

近年來，新聞媒體在揭露司法腐敗和專橫、發揮對司法活動監督作用方面同樣取得了相當成效。一些司法腐敗、司法專橫和司法人員違法犯罪的案例和事實被披露，促使這些案件和事實得到及時、公正處理。不過，新聞輿論具有的強大力量還沒有得到充分釋放，它在監督和促進司法公正方面的潛力還有待挖掘。

這些藥方雖然有效，但不是什麼了不起的祕方，有識者誰不知之？只不過，病是病，藥是藥，常不發生交集這才令人焦急。好在本人只是冒充大夫胡言亂語一番，各位看官姑妄聽之，千萬不要當真。

謀殺好法官的六大方法

眼巴巴期望司法公正，司法公正離得開好法官乎？不能。於是眼巴巴期望有好法官。守株待兔了好久，發現法官產生極難，想想這麼等也不是辦法，於是到處尋找產生好法官的良方。一日，遇一江湖郎中，自稱專治司法疑難雜症，急忙上前拉住衣襟，求其指出一條產生好法官的明路。郎中撚鬚沉吟片刻，提筆寫了許多字給我。我戴上破眼鏡一讀，發現那藥方竟是「謀殺好法官的六大方法」，當即惱曰：「老頭，我要的是產生好法官的藥方，你卻給我謀殺好法官的方法，這不是哄人嗎？」正要不依不饒，郎中笑曰：「反其道而行之，可也。」說罷向我頭上一拍，當即把我拍醒。醒來一想，居然還記得那郎中寫的許多文字，大喜，立即恭錄如下：

一曰根除法

此種方法，乃魯智深倒拔垂楊柳之法。魯智深與眾潑皮飲酒（此公飲酒，最聽不得雜音），聞楊柳樹上烏晝啼，有人捉梯要轟走烏鴉，魯智深乃連根拔之 —— 你說這楊柳樹倒不倒楣？

根除法乃笨辦法，對付個把不聽話的法官尚可（要謀殺好法官，可以將根除法作為威脅，不給予職務保障，專斷性的開除和調任始終威脅著法官，使之履行職務如履薄冰）。對付整個

163

第五章　活人的司法

法院系統，動靜就太大了 —— 現代的制度與古代的專制制度不同，有著所有民主外衣，取消法院，現代獨裁者不為也。

魯智深、李逵、張飛皆一時之快人也

此種方法，當年袁世凱為報復上海地方檢察廳曾經用之（參見本書中《老袁都懼它三分》）。

二日洗腦法

法國大革命中有一個恰當實例。那時的法國，大革命的領導者極力主張非常手段，不顧有人提出的這一警告：不能隨意殺人，因為殺下去會殺順手。在國會討論審判君主時，一位年輕律師為路易十六辯護，為防止這一辯護獲得同情，羅伯斯比向議員們緊急洗腦，大聲疾呼：「你們不是審判官，你們是政治家，你們只是政治家，不能變作別的。」當時的「法官」——革命國會的議員們放棄裁判官的角色，去充當政治家，將路易十六送上不歸路。

三曰利誘法

　　怎樣將一位法官納入麾下，誘使之言聽計從？方法多種多樣，最巧妙的方法是將法官納入司法官僚體系中。官僚體系存在一個層級結構（hierarchy，也稱等級制、科層制、分層負責制），這是一種金字塔型組織結構，即按照一定標準將人員分為等級的嚴格統屬結構，在這種等級基礎上分發報酬、分配特權和確立權威，按照等級設置進行晉升。在層級結構內，眾官僚進行公務活動的動力來自對利益的追逐，就單一官僚來說，國家的目的變成了他的個人目的，變成了他升官發財、飛黃騰達的手段。「每個官僚制度必須同必要的物質利益結合；它不僅必須喚起每個官吏對嚴格遵守和執行各種規定的物質利益，而且也必須喚起保持對上司徹底服從的物質利益。因此，官吏的工作總是由上級官僚估價，上級官僚也決定是否對各該官吏加封晉級。因此，每個官吏都努力完成自己的工作，做到在形式上符合頂頭上司的要求；這個上司也同樣只注意履行自己所受託的較大範圍的公事，努力博得自己上司的讚揚等。」（奧塔‧希克語）

　　由於官僚們的利益來自能夠對他進行提拔的上級官僚或者掌握終極權力的君主，所以官僚政治下的各級官僚「只對君主負責或下級只層層對上級負責，而不對人民負責；所以，官僚政治基本上沒有多少法制可言，主要依靠人治和形形色色的

第五章　活人的司法

宗法和思想統治來維持。」一旦把法官分成若干等級，使他們構成層級體系，其中的所有成員或者絕大多數成員皆由底部進入，再漸次向上攀升。這是上對下進行控制的有效方法。分級制將懲罰和獎勵一個下屬的權力交給上級的某一個人，或者由少數人組成的一個小小的團體。後者掌握的是使下屬畏懼受懲罰和期望得到提升的權力，這種權力即使暫時儲存起來不用，也會因其潛在的力量而迫使或者誘使下屬遵照上級期望的行為模式活動。

此種方法可使一個法官維護司法公正，也可使他顛覆司法公正，何去何從，全看在木偶上牽線的人意圖如何。

四日埋沒法（劣幣驅逐良幣法）

好法官應當「精通事理、法理及文理」（廖與人語）。英國大法官愛德華・柯克（Edward Coke）曾經說過：「法律是一門藝術，它需經長期的學習和實踐才能掌握，在未達到這一水準前，任何人都不能從事案件的審判工作。」法官的法律素養、審判熟練程度和一般生活經驗越高，以粗率態度和非辯證態度對待案件證據和事實造成誤判的危險就越小，因此法官就任前經過專業訓練頗為重要。一個人有無專業訓練，可以根據他獲得的文憑加以判定。但無文憑未必無水準，只看重文憑容易埋沒人才。反過來，有文憑不一定有水準，如今文憑泛濫，大家

都有了文憑，真正的人才反而湮沒不顯。此種重文憑不重水準，大家為了做官紛紛去花錢補一個飽含水分的文憑，貶低了有真才的人 —— 好的法官還能脫穎而出乎？

五日架空法

使一名法官對案件沒有實際裁決權，此為架空法。架空法的妙處在於，即使是一個好法官，也出不了彩，憋也要把他憋死。人問：沒有實際裁決權，叫什麼法官呀？英文「法官」一詞「judge」的本意是「精於判斷的人」。也就是說，不精於判斷者不可被授予法官之職。法官既為精於判斷之人，當然就應自己判斷，自己作出裁決 —— 每個人的腦袋長在自己的脖子上，哪有讓別人代為判斷之理？這個問題實在不好回答，大千世界，無奇不有，你以為我在瞎掰？不信一眼望去，沒有實際裁決權的法官，多如過江之鯽，有什麼奇怪。別看法官正襟危坐，神氣活現坐上上首，曉得底細的人都知道，他不過拿雞毛當令箭，此為架空法之妙用。

六日低薪法

權力能夠換取金錢和其他利益，更高的職位意味著更多的金錢或者其他利益，正當的途徑走不通，旁門左道就會有人行。換句話說，執掌權力的人不能透過自己的正當收入得到滿

足，腐敗的動機就產生了。法國十六世紀時，「官職所應得的報酬是很微薄的，擁有職位的人都向人民勒索，法官從原告人得到一種強迫繳納的禮物，這種禮物雖仍稱為『香料』，但事實上已經是金錢。」（Charles Seignobos《法國史》）

中國古代官場腐敗現象嚴重的一個重要原因，也是官俸極薄，唐才常稱這種「國家不能豐養廉銀兩」為特別「紕繆無理」的現象。鄭觀應在《盛世危言》中曾言：「支用不給，極其弊遂至流毒無窮。」晚清小說家李伯元先生也說，官俸過低、不敷使用，「到了這個份兒上，要想他們毀家紓難，枵腹從工，恐怕走遍天涯，如此好人，也找不出一個。」吾國當下若不仿效「泰西厚給官俸，廓清政本之法」（唐才常《砭舊危言》），期望一身襤褸的朋友中產生好法官，豈非緣木求魚？

黑色的法袍，緘默的法官

有一本名為《淡泊從容蒞海牙》的書，作者是曾任國際法院法官的倪征燠先生。書中附有國際法官進行審判活動的照片，書的封面是倪先生身穿國際法院法官袍服的照片。倪先生雖年事已高，但氣度嫻雅，神采不凡，他身上的黑色袍服益增其莊嚴、沉靜，這使我注意到國際法院和許多國家的法官的袍服原來都是黑色的。我對服裝服飾素乏研究，但黑色給人的印

象是沉靜的，卻毋須苦費心思就能夠直覺感受到。

　　黑色作為服裝的國際流行色，與一八三〇年代以後英國的海外影響相關。當時英國盛極一時，英國人黑色的穿著，使歐洲大陸人們衣服的流行顏色隨之一變。法國學者路易吉‧巴爾齊尼（Luigi Barzini）在《難以對付的歐洲人（*The Europeans*）》一書中提道：「最初只是大陸的貴族和名流放棄了歷經數代的光滑綢衣或顏色明快的精紡織物，換上通常從英吉利海峽對岸舶來的暗黑色毛料服裝。這種象徵著高貴的暗色，慢慢不可避免一直滲透到中、下層平民。」

　　這種暗黑色是沉靜的顏色，與英國人內斂、克制的性格十分協調。路易吉‧巴爾齊尼曾經描述英國人、德國人、法國人、義大利人、荷蘭人以及美國人的民族性。對於英國人，巴爾齊尼用「沉著」一詞加以概括。人們可以從一個著名的形象——夏洛克‧福爾摩斯的身上領略到英國人沉著的形象。福爾摩斯身著暗色衣服，不苟言笑，彬彬有禮，無論是行動還是安坐，都給人冷峻、不張揚的感覺。這種形象內斂又克制。

　　英國暗黑服色的流行，是否是今天法官袍服顏色之所由來，不得而知；英國人沉著的性格在多大程度上對司法產生影響，也難以給出一個確定的說法。不過，在英國對抗制訴訟中，法官給人的自我克制的印象十分深刻，英國法官的形象完全是內斂的，並且帶有濃厚的紳士氣象，從這一形象聯想到英

第五章　活人的司法

國人沉著的群體性格，不會有突兀、牽強之感。

在英國，自我克制（self-control）素為美德。F.J. 古爾德（Frederick James Gould）曾說：「什麼更為完美，是控制一條船還是控制自我？當然是控制自我更完美。」在印度，「亞歷山大大帝一次拜訪一個被人尊為佛的僧侶，這個僧侶告誡他的弟子們：『如果一個人在戰爭中征服一萬人一千次，而另一個人征服了他自己，征服自己的是更偉大的征服者。』」還有一位教師對他的學生說：「那些渺小的和脆弱的人們是喧鬧的；他們叫嚷著，喋喋不休，但他們所成之事很少。強壯的人是安靜的。」這裡所尊崇的都是自我克制的觀念，這一觀念在英國有著淪肌浹髓的影響。

法官自我克制的明顯的表現是緘默。在對抗制訴訟中，法官以耐心聽訟的長者形象出現在法庭，他的話越少越好。培根稱嘵嘵多言的法官是不和諧的樂器。他在〈論司法（*Of judicature*）〉一文中指出：「為法官者應當學問多於機智，尊嚴多於一般的歡心，謹慎超於自信。」

人們在談到緘默的時候，可能會想起，在許多國家或者地區的人們的觀念中，緘默是一項美德。但對於法官沉默的這種要求，不僅僅是因為沉默本身展現了良好的習慣和氣質，而且也是與法官的司法角色有關，法官的權力的基本內容是判斷。對於判斷者來說，耐心聽訟而不是爭辯，是作出正確判斷的前

提之一。

　　歐陸法系的國家和地區，也在一定層面上認同法官自我克制的觀念。我們可以從學者蔡墩銘《審判心理學》一書窺其堂奧：他指出，法官是經過國家任命而從事審判工作的人員，其審判職業的特殊性，使其產生特定的心理傾向，並形成一種特殊的司法氣質，包括仁愛、自制、謙虛、精細、勤勉、忠誠、勇氣、犧牲、緘默、反省十項。就「自制」而言，「審判官既負有平亭人民曲直，維護社會倫理規範之任務，自應本乎理智，依客觀慎重將事，不能任憑感情因素出入其間，以致其判斷之公平與正確，遭受不當之影響。要之，訴訟案件審理之是否順利，恆依審判官在審理時有無耐心及是否控制其情緒而定。」在談到「沉默」時，蔡先生說：「審判官判斷案情，需要思考，而對事理之深入思考，其心境必須寧靜，無法保持心境寧靜者，不必要之舉動多，則易於失去理智，於是難以辨別是非善惡，在此情況之下，何能期待審判官為適當正確之裁判。」

　　法官的黑色袍服與這種自我克制的司法氣質渾然一體。

　　顯而易見，法官的服裝服飾是法官內在精神的表現，每當看到法官身穿黑色的袍服坐在審判席上耐心聽訟的形象，我都會想起梅特林克說過的一句話：「蜜蜂只在黑暗中工作；思想只在沉默裡孕育；美德也只在幽居中產生。」

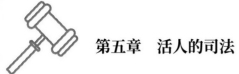

第五章　活人的司法

活到這年紀沒有一個汙點

赫爾岑（Alexander Herzen）《往事與隨想（*My Past and Thoughts*）》一書中記述了這樣一件事：

一八三四年，沙皇的警察逮捕了正打算廣泛從事進步活動的赫爾岑和其他青年，還從五六個人的案子株連了二十個無辜的人。由於操之過急，警察並沒有掌握確鑿的證據，只得捕風捉影，捏造證據。一個委員會進行了初審，但毫無結果。在這種情況下，沙皇又組成了第二個委員會。他從聖彼得堡派出了得力幹將之一亞・費・戈利岑來充任法官，但「不幸」的是，他還派了莫斯科城防司令斯塔阿爾當首席法官。斯塔阿爾是個正直的軍人、勇敢的將軍、功績累累的老臣，他分析了案情，發現一部分人是因在慶祝一個學生大學畢業的宴會上合唱了諷刺沙皇的歌曲而被捕的，還有一部分人，他們的全部罪證不過是一些尚未明確表示過的意見，根據這些進行定罪不但困難而且可笑。斯塔阿爾與戈利岑產生了嚴重的意見分歧，他們針鋒相對，爭得面紅耳赤。老將軍一怒之下，用軍刀捶著地板，說道：「我看您與其荼毒生靈，不如奏請皇上封閉所有的中學和大學，免得其他人繼續受害。您可以隨心所欲，但我不能跟著你造孽，我的腳絕不再踏進委員會。」說罷，老人就拂袖而去。

有人當天就將這件事向沙皇報告。沙皇責問斯塔阿爾為什

麼不願再涉足委員會，斯塔阿爾講了理由。「真是廢話，」沙皇反駁道，「跟戈利岑吵嘴，不害羞嗎？我希望你照舊到委員會。」斯塔阿爾回答說：

「請憐憫我的白髮吧，我活到這年紀沒有一個汙點。我的忠心，陛下是知道的，我的血、我的餘年都屬於陛下。但這件事關係到我的榮譽 —— 我的良心反對委員會中所做的事。」

斯塔阿爾這段擲地有聲的話，談到榮譽、汙點和良心，展現了正直人的品格。

也許，斯塔阿爾提到「良心」一詞，最具有振聾發聵的力量 —— 服從良心的驅使，不是一名司法官應有的品格嗎？

根據自己身為人所具有的願望和體會而形成的對於何者應該做、何者不應該做的意識，就是良心。良心表現為一種內心深信，深信自己的言行怎樣才正確，只有按照自己深信為正確的去說去做，才能心安理得，所以良心具有辨別是非得失、取捨善惡的意識作用，對人們的言行能夠發揮決定和約束的功能，當一個人的言行違背了良心，便常常會感受良心的折磨。法國散文家蒙田（Michel de Montaigne），以詩情飽滿的筆觸描摹了良心的力量：「良心的力量竟是那麼奇妙！良心使我們背叛，使我們控訴，使我們戰鬥；在沒有外界證人的情況下，良心會追逐我們，反對我們」。「良心可使我們恐懼，也可使我們決定和自信」。他還引用尤維納利斯（Juvenal）、伊比鳩魯

（Epicurus）的話稱「良心用一根無形的鞭子抽打我們，充當我們的劊子手」，「壞人無處藏身，因為他們躲在哪兒都不安寧，良心會暴露他們」。

不過，這種樂觀說法對於良心泯滅的人並不適用。並非所有的良心都來自純個體性的願望和體會，社會因素對個人內心意識的影響也十分巨大，人的良心有時表現為對社會通行的準則和信念的內化過程。這種將社會準則和信念內化為自己的準則和信念的動機，來自想要使自己正確而不犯錯誤的願望，這些準則和信念納入自己的價值系統內之後，就成為一個人的自我體系的一部分，成為他自己的準則，並且變得非常難以改變。這是人的社會性的表現，惡劣的社會整體環境和某些不良社會因素還會造成一個人甚至一個群體的人的良心泯滅。

不同的政治、經濟、文化狀況和個體差異，可能會使道德準則存在一定的差異，而在各自環境中的人的良心也難免存有差異。如在個人主義的社會中，某些道德觀念與集體主義社會中的道德觀念不同，人們對何種言行合乎良心的意識也不一定絕無差異。另外，人們為了使自己的行為合理化，也會扭曲良心以麻醉自我或者他人的理性判斷的能力。例如「過去宗教法庭上的人，他們把一些有良心的人捆綁在火刑柱上燒死，宣稱這是基於他們的良心的行為；當戰爭販子為了他們的權力私慾而置他人的行為於不顧時，也宣稱他們是代表他們的良心行

事。事實上，任何對他人或自己的殘暴或冷酷行為，很少不被解釋為受良心的驅使。」（E. 弗洛姆語）然而，畢竟人有共性，不同的人，良心也有許多共性。司法官應當代表社會的良知進行審判活動，他對證據、事實和需要適用的法律的判斷，必須本著司法官應有的良心進行。司法官的責任是對證據和事實作出判斷並在此基礎上適用法律，一部好的法律應當符合社會的道德和良知，司法官正確適用法律的過程展現了對社會良知的遵從。司法官對於善惡是非的判斷符合法律和法律的精神，也符合在社會準則和信念基礎上，形成並與之相一致的個人良知。

一個人要有良心，良心才有力量。要讓所有的司法官都有良心，必須提供使他們具有和保持良心的外部環境。這就要求，選任司法官必須注重個人品格，社會和政治法律制度要有助於司法官保持良心 —— 當他秉著良心司法的時候，他擁有免於恐懼的自由。

遠離專制的時代，才能讓斯塔阿爾的正直得以舒展吧？

法官該分等級嗎？

英國學者 R.C.K. 恩塞爾（Robert Charles Kirkwood Ensor）有一本小冊子，寫得大有見地。書名為《法院與法官（*Courts & Judges*）》，關心司法、對法官的品格塑造有興趣的，

第五章　活人的司法

不妨找來一讀。

恩塞爾比較英國、法國和德國的法官和法庭，指出英國司法的優點，他說：英國司法的一些特徵，會打動將英國的司法制度與其本國的司法制度比較的、來自大陸國家的研究者。恩塞爾列舉的英國司法若干特徵包括：

1.　在英格蘭，法官的職位從成熟年齡的執業律師中選任。

2.　由某一級別的法官升任另一級別的法官人數少到幾近於無，因此法官不會讓升遷的想法影響他的行為。

3.　法官的薪水比他們在大陸國家的同行高得多。

4.　陪審團的應用範圍廣泛。

5.　外行因素介入某些較低的刑事法院的審判並造成主導作用。

6.　在英格蘭沒有司法部。

其中，他指出的「由某一級別的法官升任另一級別的法官人數少到幾近於無」，這一特點與司法獨立、公正之關係耐人尋味。

法官分級制形成的組織體系是層級體系，亦即金字塔型組織結構，所有成員或者絕大多數成員皆由底部進入，漸次向上攀升。正如法國政治家、著名學者阿蘭·佩雷菲特（Alain Peyrefitte）所言：「它把每一個人都放在一架梯子上。每一級都是事前指定的。這樣一直到告老退休。」

「任何等級制都起禁錮作用。」分級制的逐級晉升機制是上對下進行控制的有效方法，要進行統制，分級制值得選用，這一奧祕被德國的一位司法部長一語道破，他在談到檢察官獨立性時說：發布指令並不是行政機構影響檢察機構的唯一方式，他並不使用這種權力，只要有提高檢察官的權力就足夠了。

分級制將懲罰和獎勵一個下屬的權力交給上級的某一個人或者由少數人組的一個小小的團體。後者掌握的是使其下屬畏懼受懲罰和期望得到提升的權力，這種權力即使暫時儲存起來未予使用，也會因其潛在力量而迫使或者誘使下屬遵照上級期望的行為模式進行活動。

法官職業具有反等級特徵。對於法官而言，分級制的致命缺陷在於它的統制效力。在分級制度下，下級法官為了避免被貶黜或者仕途困頓，或者為了晉升，刻意迎合有權決定其官場沉浮的上級意志，這種迎合潛伏著司法不公正，因為統制權力既可以為善也可以為惡。

談到設立法官等級制的理由，有論者指出：設立法官等級制「是一個在立法過程中有爭議的問題」，法官等級制的意義在於，它有利於建立符合法官職業特點的單獨的法官等級序列，有利於反映不同審級法院的法官在素養上的不同要求，有利於強化法官的責任心和榮譽感。

第五章　活人的司法

法官上「樓梯」

　　人們注意到，法官等級制度是在力圖將司法體制去行政化過程中形成的，試圖在行政級別制度之外另設一套制度，在名稱上（大概也認為在實質上）與行政機關的級別制度相區別。然而，這種分級制儘管在名稱上做到了與行政機關分野，實際上卻仍舊是行政化的管理制度，體制本質上的行政化沒有得到觸動。這種等級制與原有的級別制度一樣容易形成等級崇拜：高等級的法官與低等級的法官組成的合議庭，低等級的法官可能因等級因素而趨奉高等級的法官，當後者在前者晉升環節上發揮作用時尤其如此。

　　此所謂「手套翻過來，還是那雙手套」。

誰動了法官的自由裁量權

自由裁量乃「依一個人之所認為適宜而進行決定的絕對的或者有限制的自由」。法律賦予法官自由裁量權，意味著法官可以在法律劃定的範圍內本著良心、理性甚至感情，作出符合正義精神的判決，法律允許他進行價值權衡，當法官這樣做時，他作出的裁決應當得到尊重。

與許多國家一樣，中國法律也賦予法官一定的自由裁量權，但一些「改良」司法的措施卻使自由裁量權窒礙難行。

先是某地方法院率先創立「先例判決制度」，目的是「追求高效率的公正，挑戰『合法的不公』」，「建立該制度旨在強化審判委員會的指導作用，規範法官自由裁量權，幫助法官正確適用法律，實現『公正與效率』」。方法是「借鑑英美法系判例法的經驗，採取遵循自己以往判決的做法，本著『例以輔律，非以破律』的原則」，「作為先例判決案件的條件是新類型或具有一定代表性的典型案件對運用證據、適用法律等具有指導意義的案件；以及對本院審判工作有指導意義的其他案件。」據說這一做法的成效是「成功審結了多起各類案件，取得了良好的法律效果和社會效果」。

實際上，所謂「判例」或者「先例」，並不是以判例確立的原則或者一般性規則作為約束力，而是就某種情形應當如何定

第五章　活人的司法

性和處理提供約束力。其中，就量刑作出的某些先例判決，其約束力意味著剝奪了法官的自由裁量權，將法律規定的量刑幅度和案件鮮活的具體情況通通拋在一邊。法官根據抽象出來的僵硬的事實骨架與「判例」或者「先例」相對照，按照「判例」或者「先例」給出的現成答案作出裁決，然而現實中完全一樣的案例能有多少呢？法院實行的所謂「先例判決」制度和「判例指導」制度，使法官無法「依一個人之所認為適宜而進行決定」案件，法官的理性可能窒息。

有的法院更進一步，大膽設想將已決案例分別編入電腦，承審法院將案件的主要事實、情節、當事人基本情況等輸入電腦，電腦就會顯示以前類似案件作出的判決，法官毋須根據自己的心證決定案件的定性和量刑，一切都在電腦掌握之中。

然而，「電腦量刑」的做法，限制了法官根據自己的良心、理性和對法律的誠摯的理解，使其難以在法律賦予的權限範圍內對個案進行處理，實現「個別的公正」；電腦將紛繁複雜的刑事案件簡單化，如果法官機械性按照電腦的指示處理案件（法官只保留了微小的自由裁量幅度），則失去了根據案件具體情況在法定幅度內選擇適於本案的刑期的機會，法律賦予法官根據案件實際情況進行自由裁量的權力遂被棄置。

許多司法人員有機械司法的慣性，不曉得根據自己對法律的誠摯理解適用法律，遇到法律上稍顯曖昧的問題，總是仰仗

上級權威機關給出個明確說法，特別是最高司法機關作出的司法解釋，即使何謂「主要證據」之類並非疑難的問題也是如此。現在卻連量刑都要借助於電腦，法官甘心扮演一個電腦操作師的角色。有網友針對這一荒謬做法提出質疑：「每個案件都是千差萬別，它要求法官針對不同情況，作出具體而有針對性的量刑處理。而且，恰恰就是在運用量刑個別化標準的時候，才是最能考驗法官智慧和能力的時候，而電腦量刑則把一個法官所必備的經驗拋到了九霄雲外。」可謂一語中的。

當年法國的杜波爾（Lameth-Barnave-.Duport）在大革命中的議會大聲疾呼解放法官的理性，時隔這麼多年，我們的做法卻是窒礙法官理性的舒展，是否有點不太明智？

伽利略與知識等級制

比薩有一斜塔，距比薩大學不遠，高五十四點八公尺，二到六樓直徑相同，年偏斜度一公釐。一五九〇年，斜塔的偏斜度大約為四點一公尺。也就是說，在七樓做自由落體實驗，可以將物品投落到地面。此塔聞名於世，除了因傾斜的外觀，還有一個名字與它相連，那就是伽利略。

伽利略在一五八三年登鐘塔，測量擺的等時性，一六〇九年又在威尼斯的聖馬可塔上觀測天象，伽利略在《論運動（*De*

Motu)》和《對話（*Dialogo sopra i due massimi sistemi del mondo*）》中提過他在比薩斜塔上進行落體實驗三十幾次。據說一五八九年的一天，當時是比薩大學青年數學講師、年方二十五歲的伽利略從比薩斜塔上同時拋下了兩顆大小相同的球實驗，其中一個是重金屬球，另外一個是木製球。實驗目的是證明兩個球在地球重力作用下同時著地，從而推翻亞里斯多德的理論。塔上落體實驗的結果「否定了古代的力與速度成比例的觀點，為加速度概念的出現和發現落體定律定奠定基礎」，同時「給亞里斯多德的運動觀以決定性的批判，從思想和科學實驗方法上，為近代物理的發展開闢了道路」。[2]（閻康年：《牛頓

2　閻康年在《牛頓的科學發現與科學思想》一書中提到：比薩斜塔落體實驗，是伽利略開始奠定近代物理學基礎的最早、也是關鍵性的實驗，伽利略晚年的學生維維亞尼（Vincenzo Viviani），在一六五四年寫的《伽利略生平的歷史故事（*Racconto istorico della vita di Galileo Galilei*）》一書（一七一七年發表）記載了這個實驗，這件事才廣為人知。一九〇九年德國的沃爾維爾（WohlWill）的《伽利略及其為哥白尼學說而鬥爭》一書就此提出質疑，提出「伽利略從未在比薩時的著作中寫過這件事，在後來的著作也未偶爾提到過」。一九三五年，美國的庫珀（L. Cooper）的《亞里斯多德、伽利略和比薩塔實驗（*Aristotle, Galileo And The Tower Of Pisa*）》一書，追隨沃爾維爾的看法，把這個故事說成是「虛構」和「謊言」。一九五二年十一月，法國科學史學家考義萊在美國哲學學會發表《計量的實驗講演》，認為從伽利略落體實驗用的粗陋計時和計量工具。得出「邁爾森納甚至懷疑大科學家們所說的伽利略的一些實驗是否實際做過」。他就此事發表的論文和論文集，頗有影響。美國語言與訊息研究中心的執行主任、美國加州史丹福大學數學系的客座教授凱

的科學發現與科學思想》）

這個實驗與下文要說的司法鑒定意見的取捨有什麼關係？

別忙，先聽我說說司法鑒定。

對許多案件來說，司法鑒定是查明案件真實情況的關鍵一環，不能繞道走，迴避開。在黃靜案多家鑒定相互矛盾的現象為媒體和大眾關注之前，司法鑒定領域的混亂局面就已經成為眾多學者矚目的對象。許多案件，對於同一事項存在不同人員進行鑒定的情況，他們的鑒定得出的結論不一致，司法機關在起訴和審判中難以取捨，這樣的事見多了，司法人員難免感到頭痛。

學術郎中紛紛開出藥方，曰司法鑒定制度改革如何如何，頭痛醫頭，腳痛醫腳，忙得不亦樂乎。

在對症下的藥中，簡單的方子會受到青睞，諸如：對司法意見相互矛盾、檢察機關或者最高法院難以取捨的，不妨由承辦該案的法院指定一家鑒定機構作出鑒定，或者警察、檢察、審判三家（抑或爭訟雙方）共同指定一家作出鑒定。這類規定

斯・達維林認為：伽利略根本就沒有做過那樣的重力實驗。霍金的《時間簡史（*A Briefer History of Time*）》一書也質疑這一說法，認為伽利略並沒有做過這一實驗，只是做過一大一小質量不等兩個鐵球從光滑斜面自由下滑的實驗。這些異議的存在，導致大英百科全書的「伽利略」條目否定做過這個實驗，世界傳記百科全書也予以迴避；但也有不少學者提出理據說，比薩斜塔落體實驗，確有此事。

試圖解決鑑定不一致時的取捨，卻似乎沒有看見被指定的醫院作出的鑑定可能還存在爭議。要是還有爭議，那怎麼辦？

我曾與一位法官交談，他說要取捨鑑定意見易如反掌，有何難哉？不是有多家鑑定嗎，法官看一下哪個鑑定機構更權威、哪個鑑定名氣更響，就知道該用哪一家的鑑定了。其他機構有最高法院司法鑑定機構權威乎？我聽了暗自驚訝，沒有料到司法實踐中還有如此速食式想法。

有人開出另一個藥方，與這位法官說的採證方式差不多：由司法行政部門統一管理鑑定機構，將鑑定機構分為各個行政層級，統歸司法行政機關領導。開藥方者說這個方案對於解決司法鑑定的混亂局面藥到病除，不就解決了鑑定意見出自多頭、爭議不休、難以取捨的難題？

說起來頭頭是道，我聽了心中暗想：如果這種改革最終是要結束鑑定機關多元化設置，代之以某一行政管理機關進行由上至下分級設置的一元化體制，會陷入知識等級制的立法和司法盲點。

按照知識等級制，由上而下設置鑑定機構，級別越高越有權威，低級別的鑑定機構或者鑑定人員提出的鑑定意見存在爭議時，就委託較高級別的鑑定機關再行鑑定；級別不同的鑑定機關提出的鑑定意見相互矛盾，採納級別高的鑑定機關提出的鑑定意見。

殊不知，鑑定意見揭示案件真相的實質證明作用，取決於其本身是否科學和符合客觀真實情況。這種性質不受權力、地位等因素的影響，高級別的鑑定機構提出的鑑定意見不必然比低級別的鑑定機構提出的鑑定意見正確。鑑定意見是否正確，不能根據級別高低加以判斷，必須根據鑑定方法是否科學、檢材是否真實可靠、分析判斷得出的意見是否合理、客觀加以判斷。級別再高，鑑定方法不科學、檢材不可靠、判斷失誤也會形成錯誤的結論；反之亦然。因此，鑑定意見存在衝突，用司法機關另行指定一個鑑定機構的辦法不能在根本上解決問題，司法機關專門指定的鑑定機構也可能會出錯。

如果誰有權威對誰就要言聽計從的話，科學不會進步到今天。當年伽利略爬上比薩斜塔做實驗的時候，亞里斯多德比伽利略權威要大得多。亞里斯多德斷言：物體從高空落下的速度同物體的重量成正比，重者快，輕者慢。十磅重的物體落下要比一磅重的物體快十倍。這個論斷被當作真理信奉了一千八百多年。伽利略認為：在沒有空氣阻力的情況下，任何物體都會以同樣的速度從高處下落。如果體積相同但重量不同的兩個球同時從高處落下，由於下落過程遭受空氣阻力，重量大的物體比重量小的物體先落地。倘若僅以是否權威作為取捨，對科學研究的結論抱有知識等級制的態度，到現在我們可能還在為亞里斯多德的斷言傾心不已、深信不疑。

所以，對於任何鑑定意見，無論是由哪個鑑定機構或者人員作出的，都應認真審查判斷。對於不同的鑑定意見，應當透過法庭質證澄清謬誤。鑑定意見存在爭議，鑑定人應當出庭陳述鑑定過程、鑑定方法、鑑定材料的有關情況，並對自己的判斷作出說明，接受控辯雙方的詢問和質證，以及法官的進一步詢問，透過詢問、質證活動達到澄清事實、判明真偽的目的。經過詢問、質證活動等檢驗、判斷活動，鑑定意見何者為真、何者為偽仍然難以辨別，本著「當事實或者證據存在疑問作有利於被告一方的解釋和處理的原則」，採納最有利於犯罪嫌疑人、被告人的鑑定意見作為定案的依據，方稱允當。

伽利略比薩斜塔落體實驗

檢察官，你可以做得更好

　　法庭是高度儀式化的舞臺，這裡搬演的刑事案件大多牽動人心，檢察官置身其中履行職責，彷彿置身聚光燈下，有時成為民眾矚目的焦點。沒有人懷疑檢察官是公訴案件的主要角色，但是履行公訴職能的檢察官是否做得夠好，大眾很少思索。除了很少案件，民眾幾乎沒有注意過法庭上的檢察官，對他的法庭表現沒有留下什麼印象。檢察官尚且如此，其他檢察官更加印象模糊。檢察官是否缺乏鮮明的大眾形象？答案是肯定的，那麼，檢察官是不是可以做得足夠好來成功喚起民眾的認同與讚賞？

為什麼沒有明星檢察官

　　多年來，檢察機關評選十佳檢察官和優秀檢察官，但如此評選出來的檢察官並沒有走出檢察城池，走向大眾田野，這些年來沒有真正產生社會認同而不是官方塑造的明星檢察官，應是不爭的事實。對比觀察，法律界產生了一些明星律師，他們知名度很高，有的成為律師界舉足輕重的指標性人物。律師界原本一盤散沙（起碼與司法機關相比確實如此），也沒有多少官方著力塑造的律師先進人物，律師中卻不乏民眾認同的知名人士。這是什麼原因？

第五章　活人的司法

　　檢察官在司法活動中代表公權力機關，其大眾形象相對律師來說更傾向於內斂。檢察官的「法律執政黨」角色與律師的「法律在野黨」（日本人稱之為「在野法曹」）角色相比，有更多束縛而難以施展個人魅力。這是主要的原因之一。檢察官的庭上言論過於謹慎，乃至刻板，缺乏個性 —— 公訴規範也不鼓勵檢察官在法庭上表現個性。檢察官與其將法庭當作一個充分展現檢察官風采的舞臺，不如說當作一個按部就班依照慣性脫坯的工場，即使社會廣泛注目的案件，也難以看到他們展現個人魅力，打破僵化形象，創造難忘的大眾印象。

　　一些明星律師是由媒體、尤其是網路新媒體塑造出來的，單靠他們在法庭上的表現，很難形成這麼大的大眾知名度，近幾年律師從網路民意獲得了力量感，找到「權力」來源，更加積極塑造自己的網路形象。但是檢察官不靠這些，國家公權力執掌者的角色使他們不必另謀蹊徑去尋找力量來源，成功運用網路新媒體成為大眾人物的檢察官罕有其人，儘管不乏檢察官以個人署名的知名部落格、FB贏得眾多粉絲的支持，但沒有幾個轉化為更廣範圍的大眾認知，讓人們知道這位檢察官的大眾存在。

　　在民眾心目中，不存在明星檢察官，顯然有司法體制原因。中國的檢察體制是集權體制（即使審判機關也未能擺脫這種集權特性走向分權體制），案件由集體決定，檢察官個人是

司法傳送帶上的司法工匠，他們對於自己承辦的案件沒有什麼決定權，法庭上的檢察官忠實扮演著檢察機關集體意志執行者的角色，案件辦理過程中個人智慧與能力難以顯現，法庭上甚至留不下一句雋語。人們不能將一起著名案件與一名檢察官的名字連繫在一起，人們根本未能被檢察官打動乃至記住他在法庭上的精彩表現，檢察官就泯然眾人成為被忽視、被遺忘的存在了。

躺著都能把官司打贏

美國哈佛大學法學院的德肖維茲（Alan Morton Dershowitz）教授，這樣評價著名刑事辯護律師巴里，對一位偏見重重、充滿敵意的精神病醫生的質證：「質證進行得周到縝密無可挑剔，真是大師手筆。」可惜，我們目前還無法同樣評價我們司法審判中的控方或者辯方表現，可以預見的未來也不能 —— 因為存在對於控方和辯方的場域限制。

當前的司法狀態，所謂好的檢察官，不過是平平無疵履行了自己的角色而已。成功的公訴，只是將案件起訴到法庭，出席法庭進行訴訟沒有出現大的毛病，小有瑕疵也可歸結為瑕不掩瑜。公訴到這一程度，足可應付差事，算是勝任檢察官職務的了。

檢察官的場域是法庭，按說法庭是公開審判的場所，檢察

第五章　活人的司法

官的口頭語言和身體語言都是一種公開表達，這種劇場式的場域適合檢察官和辯護律師各擅其長，充分釋放個人語言和形象魅力，但是為什麼法庭審判中最應出彩的檢察官和律師很少有精彩的法庭表現？直覺判斷是法庭的嚴肅性使他們小心謹慎，頗為內斂，借用刑法學的術語是「謙抑」；他們常常處於審判長刻意抑制之下，自然是明珠暗投，風采難以施展。進一步思考，還有一些深層原因，大概有如下數端：

一曰缺乏足夠的司法競技性。非採陪審團審判，審判組織內缺乏分權，審判又常常空洞化，徒具「表演性」，所謂流於形式者也。在這種不具有真正競技性、挑戰性的審判場合，檢察官的優勢是躺著都能把官司打贏，難以產生危機感。檢察官即使偶有逼迫感（如社會關注度高的案件），這種逼迫感也主要源於自己的臨場表現能否得到同行認可、上級滿意的心理壓力，而不是敗訴可能性──事實上，幾乎沒有這種可能性。

二曰非典型性交叉詢問。在對抗制訴訟中，控方或者辯方需要確定證人屬於哪一方證人，然後準備在主詢問或者反詢問中一試身手，展現高超的訴訟技能。但常常沒有證人出庭；而被告人若不認罪，其辯解本應屬於辯護證據，但立法與訴訟實踐將這種區別有意無意模糊了。這使得法庭審判失去規範的交叉詢問制度運作條件，交叉詢問技術不容易透過審判歷練而發育起來。

三日殘缺的證據規則。司法審判中缺乏競技性，規範司法競技的證據規則同樣未能充分發育。例如，證人作證時控辯雙方發問的內容應當與本案事實有關、不得以誘導方式發問、不得威脅證人、不得損害證人的人格尊嚴，其中「不得以誘導方式發問」的約束並不符合訴訟規律，只有主詢問才應約束誘導性詢問（但也不是絕對禁止），反詢問中誘導性詢問恰恰是必要的質證手段。在證據規則不周全的情況下，檢察官或者辯護人都難以依規則對司法審判中的不當詢問做出反應，缺乏經驗的檢察官在證人出庭接受對方詢問或者質證時經常出現「缺位」現象 —— 不能當即反應、提出異議。在檢察官不能及時反應的情況下，職業法官審理而不是陪審團審理的訴訟模式不會使他因反應不及時而產生敗訴的風險。

訴訟對抗性弱，檢察官的寶劍鏽蝕，沒有司法競技主義的磨礪，不僅培育了檢察官的惰性，也使其公訴水準難以提升，檢察官的大眾形象自然就黯淡下去了。

公訴語言為何缺乏魅力

對於大眾來說，訴訟角色由於各自的語言而變得鮮明。一般規律是，不同職業者各有其聲，每個人都用語言為自己畫了一個像。無論是否到法庭親身感受司法審判實況，對於審判過程都不難做印象派的評論，未到法庭觀審的，可以透過瀏覽庭

審紀錄形成判斷。在法庭審判中，檢察官和律師給人留下的印象往往不如被告人。有的案件中辯護律師的表現強於法官和檢察官，偶爾有的出庭證人，也給人們留下深刻的印象。

訴訟以言詞方式進行，大眾印象依靠語言形成。語言是思想意識的表達，有時是無意識的表達（如夢囈），法庭語言當然是有目的、有組織、意圖明確的語言，有其自身特色（如人們常說的法言法語）。衡量公訴語言，可以從六個方面來觀察；檢察官要做得更好，也可以從這六個方面改善公訴語言：

一為目的性。公訴語言應當有明確的目的性，如果不緊緊咬住爭議問題，就顯得蕪雜、散漫。在這種情況下，檢察官的舉證讓人感覺是在按照預定計畫例行公事地進行，公訴語言也顯得不夠凝練。

二為準確性。用語準確是公訴語言的基本要求，檢察官的法庭用語應當力求準確，這樣的說法就不夠準確：「鑒於庭前會議已經對取證程序的合法性等進行了研究確認，檢察官在出示證據時，將不再對每份證據的取證過程進行詳細地說明，請合議庭准許。」其實，即使沒有這個前提（庭前會議已經對取證程序的合法性等進行了研究確認），也沒有這個結果（對每份證據的取證過程進行詳細地說明）。

三為邏輯性。邏輯性強，說服力必強，檢察官的法律語言應有內在的邏輯性。

　　四為規範性。公訴語言不規範不一定會削弱公訴力量，但有的確有負面影響。司法審判中常有一些不規範用語，如「證據效力」、「證言效力」、「證明效力」之類說法都含義模糊，規範的語言是「證據能力」和「證明力」。公訴語言若不講究，甚至大不講究，容易給人專業性不足之感，即使沒有明顯妨礙本方的訴訟，對於檢察官形象卻有減分作用。

　　五為藝術性。藝術性展現語言的溫度，是感染力的來源。在法庭上，公訴語言缺乏感染力，藝術性完全談不上。檢察官經過蕪雜乏味的舉證之後，留不下精彩的詢問和盤詰語句和具有高超藝術性的法庭辯論，語言過分乾燥，公訴詞千篇一律，相當乏味。從每個案件中都可以找到特殊性，下點功夫針對這些特殊性進行個性化闡述，可以使檢察官將自己的法庭表現乃至這個庭審活動推向高潮，但不下功夫思索，當然不可能淬煉出精緻動人的公訴語言。

　　六為簡潔性。公訴語言應當簡潔，不枝不蔓，避免廢話，不要扯淡。丹寧男爵（Alfred Thompson 'Tom' Denning, Baron Denning）認為：「要想在與法律有關的職業中取得成功，你必須盡力培養自己掌握語言的能力。語言是律師的職業工具。」要掌握這一工具，「必須不斷練習。像鋼琴家練琴一樣，律師應該練習運用語言，既要練寫，也要練說。」、「講話更需要練習，也更需要經驗。」丹寧在談自己的法律從業經驗時告

誠說：在法庭上，「你必須把事情講得簡單明確」，「還要記住，無論在什麼法庭上，你必須給人留下一個好印象。」

檢察官的修養與態度

世界是一個大舞臺，每個人都是演員。法庭是一個小舞臺，每個訴訟角色都是主要角色。

演得好與不好，有時不自覺，有時不在乎 —— 但有的時候，有的人，真的很在乎。有的人充分利用法庭這個舞臺，努力演出 —— 對於有的人來說，是他最後一場公共表演。

檢察官置身於法庭，以何種態度參與訴訟活動，在場的其他人一目瞭然 —— 舉證、辯論等，哪一個不是檢察官素養的表現？檢察官有沒有足夠的知識，行內人很容易辨別。一個優秀的檢察官應當有獨立的司法人格，完整的知識結構 —— 除了刑法、刑事訴訟法（包含證據法）的知識外，刑事政策學、犯罪心理學、司法心理學、證人心理學、法醫學、司法精神病學哪一個可以少？法理精通、事理通達、文理順暢，方顯出檢察官氣度從容，遊刃有餘。不但此也，檢察官還應有人文素養，當得起「唯良折獄」的理想。

我在法庭旁觀，常常想到：審判活動多人參與，人們對於檢察官的修養一覽無餘。修養是內在的，但在法庭這樣的公共場合，修養總要流露在外，一如春光無法遮擋。

檢察官的態度是內在修養的表現，自信，懂得尊重別人（包括被告人），才能多點關切，有些耐心，才不會語無倫次，才不會話酸酸，臉臭臭，暴躁易怒，攻擊性強烈，成為法庭上的「憤怒鳥」；才不會大剌剌，鬆垮垮，一副夜生活不協調的頹唐模樣。丹寧男爵的告誡值得記取：「還要記住，無論在什麼法庭上，你必須給人留下一個好印象。你的外表能說明很多東西。衣著要整潔，不要不修邊幅；要修飾好裝束；聲音要悅耳，不要刺耳，不能不和諧；聲調要掌握得使每個人都聽著很自然；咬字要清晰，不要吐字含混；講得不要太快也不要太慢。」、「還有：不要把手插在兜裡，這會讓人覺得你懶散；不要身穿長袍，手拿鉛筆，面帶焦躁不安的神情，這會讓人覺得你緊張；不要與身邊的人小聲交談，這會顯得你對其他人不夠尊敬；不要『嗯』、『啊』，這會顯得你思維得很慢，不知自己下面該講些什麼；避免令人討厭的矯揉造作，它會分散聽眾的注意力；不要遲鈍；不要總重複自己說過的話；講話不要冗長，否則，就會使你失去聽眾。」

臺灣檢察官對於被告人、證人、被害人如果統一稱為「先生」、「女士」，常見的法庭用語：「某某先生，我可否請教你一個問題？」那溫良恭儉讓的態度，讓習慣於法庭上劍拔弩張、氣勢奪人的氣氛的我們，不免自慚形穢。我想到的是，現在使用法庭身分進行稱謂也還不錯，但顯得略微生硬，用「先生」

或者「女士」也許更好，要知道，法庭用語是司法禮儀的重要組成部分，不可馬虎草率。

如今訴訟活動到了發現個體的而不是集體的司法官的時候了，民眾對於檢察官的角色期待是：正直，理性，有道德良知，有人文素養，尊重事實、證據、法律和人權。要滿足民眾的期待，檢察官要自我塑造，只要自覺，只要努力，這不難做到。

檢察官，你可以做得更好！

「怨偶」意識

無論是否把訴訟當作日子來過，都會體會到那裡面有一對天然「怨偶」——原告與被告，或者控訴方與辯護方。接觸多了，我細心觀察，控訴方（公訴機關）掌握豐富的人力、物力、財力並以國家強制力為後盾，優勢明顯，心態難免就有幾分像「丈夫」；辯護方（辯護律師）有法律素養、法庭經驗和獲勝的願望，但沒有國家強制力為支撐，訴訟權利難以施展，心態上多少有點像「怨婦」。他們在同一訴訟的屋簷下，控訴方行使攻擊權，將被告人訴至法庭並以證據支持自己的控訴，要求法院認定指控的犯罪事實並據此定罪量刑；辯護方針對控訴方的進攻展開防禦，力求透過揭示控訴存在瑕疵和脆弱達到勝訴的目的。隨著律師法修訂和刑事訴訟法再修正，控辯雙方的這種法

秩序下的和平對抗在審前階段就已經逐漸展開了。

　　這種「怨偶」關係是訴訟固有結構造成的，在訴訟關係中，控訴方的主體是檢察機關，壟斷著公訴權力，對被告人的犯罪事實作出肯定結論，並就此請求法院作出同樣的判斷，依法追究被告人的刑事責任。辯護方是這場攻擊的防禦者，法律賦予其相應的防禦權，使之服務於維護被告人的權益。由於訴訟利益對立，控辯雙方的訴訟職能截然相反，當把對方看作自己的障礙，敵對意識就此產生，控辯雙方成為一對「怨偶」。

　　英國思想家卡爾·波普爾（Karl Raimund Popper）稱訴訟主體間是友好的——敵對的合作，控訴方、辯護方與審判方都是訴訟中「必要的人格」，缺乏任何一方，不能成為完整的訴訟。因此，控訴方、辯護方和審判方不可或缺地存在於同一訴訟結構中，相互依存。只有三方都存在，才不至於造成訴訟結構殘缺。不過，三方又職能界限分明，一旦混同，就使理想的正三角或等邊三角形的訴訟結構遭到破壞。這種既不能擺脫對方又非親密無間的奇特關係，正像一對「怨偶」。控辯雙方內心深埋著「怨偶意識」實在無足為怪。

　　「怨偶」意識時常在控辯雙方準備和開展訴訟中自然流露出來。每一案件，辯護方都以吹毛求疵者的形象出現，如何壓制對手而不使之敗壞本方訴訟，成為控訴方關心的問題。「怨偶」意識也使律師法或刑事訴訟法修正中，一方因另一方權利擴張

第五章　活人的司法

而自然緊張起來。在刑事司法中，常常由於控訴方權力強大，辯護一方因訴訟權利受壓抑的狀態而長期保持弱勢狀態。控辯雙方的法律關係的調整意味著擴張辯護一方的訴訟權利，建立雙方地位平等、權利對等的理性訴訟關係。控訴方因相關法律修正的焦慮就十分明顯。

不過，控辯雙方並非不能建立起一種良性互動關係。這種良性互動需要以公平競賽精神作為驅動力。「公平競賽」是一種體育精神，其內涵是競技雙方以光明正大的方式進行一場公平競賽，各方既要在比賽中努力獲勝，同時也要尊重對方的獲勝願望，如果使用詭計來竊取勝利的結果，就違背了公平競賽精神，當這一方試圖這樣做時，實質上就已經輸了。公平競賽精神源於體育競技，不僅體育競技中加以遵守，其他領域如政治場合和司法領域也需要高漲這種精神。

在實質性審判過程中，刑事訴訟是一場場賽局。以賽局的眼光看來，「人生由一局又一局賽局構成，在賽局中，我們每個人都想勝出並取得高分。」刑事訴訟、尤其是審判活動頗類似一場棋局。法院充當裁判者，控辯雙方就是賽局的雙方，他們力圖在這場棋局中獲得完勝。一系列規則保障沒有硝煙的廝殺得以公正進行。如果刑事訴訟並非建立在公平競賽精神土壤之上，讓強力壓服而非理性論辯來建立「事實真相」，那麼，刑事司法就不可能走入現代性，司法公正就時時如秋後之荷、風

中之燭。

行賄者的好日子到頭了嗎？

　　翻遍刑法條款，大概只有行賄與受賄是相對應的兩個需要刑罰處罰的行為。賄賂，涉及行賄與受賄兩個行為（除非對方拒絕賄賂），人們一般理解，這個詞包含行賄與受賄兩個意思。不過，按字典嚴格解釋，賄的本義是財物，又特指布帛，引申為贈送財物，即用錢財收買他人；賂的意思也差不多，指財物，又指奉送財物。賄賂都是用錢財加以收買，與行賄同義。受賄是收受賄賂的意思，這裡的賄賂就該按名詞理解了，意思是財物。嚴格說起來，賄賂就是行賄的意思。

　　本來，行賄者與受賄者形同狼狽，總是勾搭在一起，才能使賄賂行為有個完整的過程和結局。沒有行賄，便沒有受賄，這種因果關係再清楚不過。但奇怪的是，行賄者受到的懲罰常常遠不及受賄者，被民眾痛恨的程度也無法與受賄者相比。

　　細究其原因，可以看到，有些行賄行為實出於無奈或事出有因。行賄有主動行賄與被動行賄兩種。即使主動行賄，也不都心甘情願 —— 除非付出錢財可以獲得更大好處。有些賄賂，雖然行賄者主動為之，但未必不值得同情，在賄賂成為官場常態之時，有的好處是行賄者理應得到的，不過，不行賄可能就

第五章　活人的司法

得不到。有時候，掌握權力的人原本沒有受賄的意思，行賄者主動拿出財物來奉獻，目的是得到自己應得的好處。有一則故事是這樣：一對養鱉夫婦為了繼續承包魚塘，不得不送禮給鄉長，他們繼續承包魚塘是正當、合理也合法的，但風聞鄉長的小舅子要承包他們的魚塘，他們不得不提著甲魚上門，以賄賂方式來「維權」。還有一種情況，行賄者本無行賄之意，擁有權力並貪財的傢伙明地、暗地向其索賄，從他們那裡壓榨。不過，同情歸同情，構成犯罪的還是一樣要受到刑罰處罰，只不過，行賄者可以得到從輕發落而已。

行賄者較少受到刑事處罰，還有一個原因，行賄與受賄，往往屬於「四知」案件，所謂「天知，地知，你知，我知」，行賄者不揭出受賄行為，不提供證據，拒絕配合司法機關的偵查、起訴和審判活動，行賄行為也往往難以證實。要知道，有些賄賂案件，正是因為掌權者接受賄賂後「拿錢不辦事」或者辦不成事，行賄者欲將賄賂討回而不成，才撕破臉鬧翻，行賄人氣憤難平、怒不可遏而向司法機關揭發，賄賂之事才得以曝光。司法機關經過權衡，以懲治受賄為重，對行賄者網開一面，可以更多獲得受賄的線索和證據。

不應忽略的是，行賄者為了得到自己不應得到或者不必然得到的利益，金錢鋪路，財貨搭橋，使盡手段。撈取好處，坑害他人，製造不公，甚至使國家利益遭受損害。

　　多年來，行賄行為確實沒有成為大眾注意的焦點，當賄賂案件發生後，人們的注意力往往投射在受賄者身上。對權力腐敗的痛恨，模糊了人們對行賄行為的視線，只要受賄者受到嚴懲，似乎大家就可以出一口惡氣，不必管那些匿笑的行賄者了。

　　在從前，行賄是很嚴重的罪行，是刑罰打擊的重點，貪腐的官員當然罪不容赦。因此，那時的行賄真是遭受著霜刀雪戟，行賄者日子相當不好過。不知何時起，司法打擊的鋒芒轉向受賄者，行賄者受到嚴懲而引起社會關注的案件幾乎一例沒有。

法蘭西斯・培根

　　其實，沒有那麼多行賄者，也不會有那麼多受賄者；反過來也是一樣。行賄與受賄本來就是雞生蛋、蛋生雞的關係。只打擊受賄者，卻放縱行賄者，使行賄的浪潮日夜洶湧，遏制受賄的一系列雷霆行動的功效也就湮沒不顯了。

第五章　活人的司法

縱然一夜風吹去

時人喜談法官之素養，引出的話題是，怎麼判斷法官的素養高低？

我們見過這樣的法官，技能嫻熟，常用法律條文倒背如流，令人欽佩；也見過這樣的法官，面對怒氣衝衝的當事人，始終面帶微笑，態度謙恭有禮；還見過這樣的法官，畢業於深府名校，談吐不俗，見解超凡，令人豔羨。我們承認：他們都是素養較高的法官，是司法所需要的類型。

不過，當聽說與我有切身利害關係的案件由他承辦時，我的內心仍然會忐忑不安：擔心那個背起法條來口若懸河的法官，會聽命於上司的恣意干預而不遵從法律，更擔心法律本身缺乏實質的正當性而被這樣的法官機械地應用；也擔心那個態度不慍不火的人是一個「拖官」，對我的疾苦麻木不仁，我的苦苦哀求對他沒有任何觸動；還擔心那個自豪於自己畢業於名牌大學法學院的年輕人只會談些空洞理論，卻眼高手低，白費了一身屠龍本領。我們承認他們有著我們需要的一定的素養，但不一定是我們期盼的那類高素養的法官。

我們心目中的高素養的法官究竟是什麼樣呢？

作家張揚曾以犀利的文筆寫了《早晚有一天》和《《第二次握手》文字獄》兩本書。在這兩本書中，他都提到一位名叫

李海初的法官,這位法官有著豐富的閱歷、認真負責的工作態度,並且作風正派,大案、要案、疑難案件常常交由他承辦。「第二次握手」案是一樁頭等大案,一九七六年八月,承辦該案的任務落在他的頭上。這個案件並不難辦,法官可以走走過場交差了事;李海初卻將全部二十三本案件逐一細看,並隨手摘錄。讀過案卷後,他深感此案「明明是欲加之罪何患無辭,明明是按預定的框框栽贓」,如果經他的手將小說作者判處死刑,回首平生的時候「會感到對不起自己的良心」。為了對得起自己的良心,同時不惹來禍端,他又承攬了其他許多案件,故意將案卷堆滿寫字臺,以任務量繁重為由,硬是將案件拖了一年,為該案的平反贏得了寶貴時間。若干年後可以吐露心聲的時候,李海初對人談起,在那個歲月,他不能公開抵制濫殺的狂潮,只能透過各種辦法、理由千方百計保住無辜者以及罪不當殺者的腦袋。待狂潮過後,其中一些人被證明無罪,平反昭雪。他感慨良多:「那不是別的什麼,那是一條條生命啊!」

　　從李海初的寥寥數語中,可以尋覓到我們最需要的法官素養:我們期待的法官應當有強固的正義觀念和辨別是非善惡的能力,並且能夠竭盡其力維護正義。

　　好的法官不必出自深府名校,或者有著碩士、博士的頭銜,但必須有足夠的法律素養,並且精於判斷。更重要的是,好的法官應當有勇、有謀或者兼而有之。判斷一個法官的素養

高低的方法，不在於他是否已將法律條文爛熟於胸，也不在於他對法條的理解多麼準確和深刻，而在於沒有法律條文作為依據而必須審理案件並且作出裁決時，承辦案件的法官作出的裁決符合自然正義的要求，經得起檢驗。要做到這一點，沒有淪肌浹髓的正義感，並且講一點良心，顯然不行。

　　法官苟能有強烈的正義意識，即使在時代風潮的高壓下，也不致玷汙法官職務的尊嚴。有這樣的法官執棰司法，民眾可以高枕無憂矣。

『敢問何謂浩然之氣？』曰：『難言也。其為氣也，至大至剛，以直養而無害，則塞於天地之間。其為氣也，配義與道，無是餒也。』

第六章　卻疑春色在鄰家

　　最貧窮的人也可以在他的小屋裡藐視皇家的權力。小屋可能很脆弱——屋頂在搖晃，風可以吹進去，雨可以淋進去，水可以滴進去。但是，英國的國王不能進入，他的全部勢力不敢跨過這破爛小屋的門檻。

第六章　卻疑春色在鄰家

刑事法庭內的壁畫

　　有人稱北歐國家的刑事訴訟模式，與英美國家的對抗制和德法諸國的審問制相比特色明顯，可以稱為「家庭模式」。在這種訴訟模式中，審判是在家庭式的寬鬆氣氛下進行的，無論是法官還是檢察官，都在一種私人氣氛中討論式進行訴訟。不過，瑞典的法律界人士並不認為瑞典的刑事訴訟是家庭式，但瑞典的法官和檢察官對待被告人的態度相當和緩是真的。

　　當置身隆德地區法院的時候，這個法院的審判庭及其寬鬆氣氛，吸引了我的注意。

　　隆德地區法院與隆德大學毗鄰，掩映在樹叢之中，從外面看去，門面不大，樓層不高，沒有官衙的感覺。幽靜，不顯山露水，像是一處隱士廬。

　　隆德地區法院院長埃爾瓦先生頭髮花白，有著紅通通的臉和爽朗的笑。他特意從外地趕回來接待了我們。在一間大刑事審判庭裡，他向考察團介紹了瑞典的法院制度和訴訟程序，並回答了考察團成員提出的問題。

　　我們見到審判庭的法庭布局多是橢圓形的，在這間大刑事審判庭，控訴方與辯護方並排面向審判席坐；主審法官席背後有一扇門，是審判人員的專用通道。門兩側的牆上各有一幅抽象風格的彩色壁畫，埃爾瓦先生介紹說，那兩幅畫是前任院長

206

夫人的手筆，貼在那裡裝飾。刑事法庭中居然會張貼兩大幅色彩鮮豔的壁畫，令我們多少感到意外。在我們的心目中，刑事法庭是嚴肅的，任何打破這種嚴肅氣氛的裝飾都不適當。但在瑞典的這個法庭，控訴方與辯護方恰好面對這兩幅畫，緩解了刑事審判中容易出現的緊張氣氛，營造出寬鬆氛圍。

瑞典有著深厚民主傳統，司法文明程度很高，對犯罪嫌疑人、被告人的權利保障完備，法律界對待諸如非法證據排除等問題充滿了務實精神，各種法律價值得到兼顧，整個司法活動呈現出尊重人的存在及其尊嚴的精神。這個刑事法庭似乎就是司法文明的一種表徵。

離開了大刑事審判庭，我們參觀了一間小刑事審判庭和一間小民事審判庭。那間小刑事審判庭有著更為明顯的橢圓形的布局，審判席、檢察官席、辯護席和證人席圍成一圈，讓人聯想到圓桌會議。那間小民事審判庭則更為奇特：中間一張桌子，一頭寬大一頭略小，呈長條形，法官與雙方當事人圍桌而坐訴訟，宛如一家人坐在一起用餐或者茶話。我們進入這個審判庭，立即嘖嘖稱賞，說：「這確實是『家庭模式』的法庭！」

瑞典法庭的寬鬆氣氛強化了我們對北歐的最初認識：半個多世紀以來，北歐各國以其鮮明的特性引起世界許多國家的興趣，斯堪的那維亞各國社會和政治制度的發展形成了自己的模式。它們是平衡而不失活力、進步而沒有革命的民主的社會福

第六章　卻疑春色在鄰家

利國家，為世界其他國家的發展提供了可供借鑑的經驗。

　　埃爾瓦先生一直笑容滿面陪著我們在他主持的法院參觀，他自豪對我們說：「隆德法院是最好的法院！」

從案件名稱看訴訟對抗性

　　隨手撿拾一些案件名稱：

R.v.Antrobus[1835]

R.v.Armstrongr[1922]

R.v.Algar[1954]

這是英國的。還有美國的：

Dollree Mapp v. Ohio[1961]

Massiah v. United States[1964]

Ernesto Miranda v. Arizona[1966]

Dominick Moran v. State[1994]

State v. Michael Dube[1995]

　　這些案件名稱在英美訴訟中隨處可見，可曾看出什麼玄機？

　　對抗制最初由英國實行，成為英國司法一大特色。英國人

素有自由傳統,「英國人幾乎永遠在監視著政府有無損傷他們的自由的行為。」這種時刻提防自己的自由權利受到來自政府侵害的國度,將政府置於被監督的地位上,政府被看作外在於個人的具有危險性的力量,在刑事訴訟中對這一力量的有效制約是透過政府與個人間的對抗並由不聽命於政府的獨立法庭的秉公裁決來實現的。在英國以及受英國訴訟傳統影響的國家,刑事訴訟被看作個人與國家(或曰政府)之間的對抗。

個人對抗國家(man v. the state)的觀念,是在人們對自由與權威之間的對立關係的認識中產生的。儘管權威有時成為自由的保障機制,但權威也有可能對自由產生威脅。自由與權威之間的鬥爭,在訴訟中表現為個人與國家的對抗。對陷入極權社會的近乎本能的恐懼,使許多人堅定地站到維護公民個人透過法律手段對抗國家權力的立場,他們時刻警惕著不使自己的國家走上通往奴役的道路。拉斯基(Harold Joseph Laski)云:「⋯⋯國民於政府行動,不可絲毫放過,庶幾防止其私心自用,而謀自由之保障。國民對於政府,有不當意處,立起而責備之,力爭以撤銷之,則偏私之弊自少矣。」

在英國,「按照古老的傳統,在其領域內維護公共秩序,是國王的職分。國王是透過法官、郡守(sheriffs)、驗屍官和其他官員來履行這一職責的。英國最早的刑事檢控理論認為,國王是控方當事人(the party prosecuting)。這造成一個有趣

第六章　卻疑春色在鄰家

現象：在英格蘭，由於曾長期實行私訴，國王並不擁有代理其進行刑事檢控的人，這被看作英國刑事訴訟許多奇特現象中的一個。直到皇家檢察官的出現，才使國王作為控方當事人做到了實至名歸。皇家檢察官在名義上是國王檢控職能的代理人，從而與法國檢察官曾經扮演過的角色一致。

在英美國家，刑事訴訟中國家與個人的對抗性質，在各個案件的命名中得到了清楚顯現。例如，在英國，控訴方向法院起訴，指控諾曼‧索恩（Norman Thorne）於一九二四年十二月五日犯有謀殺罪，這一案件被稱為「國王訴索恩」（The King v. Thorne）案件，在君主立憲制度下的國王乃國家之象徵、政府之元首，國王訴索恩實為國家或曰政府訴索恩，這一案件的命名揭示了國家與個人之間的對抗關係，展現了「國王的和平」的意味。美國也是如此，案件的名稱為「美利堅合眾國訴史密斯」或者「米蘭達訴亞利桑那州」等，一方當事人為國家（聯邦政府）或者州政府，另一方當事人為個人，在案件名稱上一目瞭然。

刑事訴訟乃國家與個人之間對抗的觀念，似乎與我們熟悉的案件名稱大不相同。在案件名稱上，也就不顯示訴訟的對抗性，例如「宋江故意殺人案」、「時遷盜竊案」、「魯達（智深）故意傷害案」等，都是順理成章的事。

在訴訟對抗性得到強化、訴訟觀念發生轉變的今天，我們

的案件命名是否也有必要作些改變呢？

代價昂貴的手勢

訴訟每天發生，大大小小的法庭為審判忙碌。

在美國西部的一座法庭裡，內科醫生正在作證。不久前，一名家庭主婦被轎車撞傷，現在她要求肇事者賠償十萬美元，理由是她受的傷已經使她再也不能做繁重一點的家務。內科醫生支持這一說法，事故發生後是他為這位受害者診治的。對於她的傷情，這位醫生瞭如指掌。在本方進行的直接詢問中，他具體描述了病人所受的損傷；對方進行的交叉詢問沒能動搖他的證詞，他順利提供完證詞走下證人席。一切都很圓滿，他的心情輕鬆不少。經過原告及其律師身邊時，他亮出了表示勝利的 V 字形手勢。這是最初也是唯一的一個錯誤 —— 但卻是代價昂貴的錯誤。陪審團看到了這個手勢，他們想這位醫生是偏袒一方的，其證言不可完全信賴，於是最終裁決只賠償那位婦女五千美元。

這是依法律的正當程序審理的案件，陪審團的表現無可指責：他有權根據庭審中形成的心證作出裁決，儘管這一心證可能因為受到與案件實質上無必然關聯的微不足道小細節影響而有所偏頗。

第六章　卻疑春色在鄰家

　　對內科醫生也無可指責，他只不過善意地向他的病人打了一個手勢而已。他也許並不熟諳這個如此熱衷於為證人貼上「控方證人」（原告證人）、「辯方證人」（被告證人）標籤而又如此強調證人中立無偏的訴訟制度，他也許還沒有深切體察這一訴訟模式的突出特點：當你踩響地雷時，竟會渾然不知。

　　—— 這就是對抗制訴訟，它是從英國習慣法傳統中成長起來的審判制度，與這一審判制度及其諸多訴訟規則相伴而生的許多價值理念，是人類智慧園中甘美的果實。

　　不過，古人言「天不予二物」，對抗制訴訟也非白璧無瑕。一位初登證人席的緊張的證人在走下證人席時打一個手勢、抹一把前額、累的嘆一口氣、欣慰咧嘴一笑，都可能削弱、甚至摧毀其證言的可信性。

　　當今世界的法律格局正發生許多變化，英美式的對抗制訴訟模式使不少人為之傾倒。日本的一位學者卻說：「從犯罪現場到監獄之間，有著許多岌岌可危的橋，有時人們會墜落於水中。美國就處在這一危險的境地之中。」

　　從那個代價昂貴的手勢，可以見微知著。

會錯意的一幕

美國加利福尼亞州著名律師麥爾文・拜利早期辦案時的一件事：

在法庭總結發言中，他使出渾身解數，全身心投入辯論。他感人肺腑的發言顯然打動了陪審員中的一員——一位肥胖、慈愛的中年婦女。她坐在陪審席上淚流滿面。好啦，拜利暗想，至少我已得到她的支持。但後來陪審團卻裁決拜利一方敗訴。當拜利獲悉那位慈愛的陪審員並沒有站到他這一邊時，他目瞪口呆。

等到那位陪審員出來後，拜利忍不住問道：「我原以為你是同情我的，你為什麼哭呢？」

「這是因為，」這位婦女解釋說，「你這麼年輕又這麼賣力氣，可我卻知道我不得不投反對你的一票。」

聽到這個故事，誰都會失笑。

在英美陪審團制度中，對案件事實作出裁決的，是陪審員——一般為十二名不諳法律的門外漢（layman）。這些門外漢大權在握，訴訟雙方不能不想盡辦法吸引他們對有利於本方事實的注意力，說服他們支持本方主張，甚至在法庭上討好他們，在他們心中留下良好印象。麥爾文・拜利使出渾身解數想要達到的目的，就是期望這番努力在陪審團的評議密室裡開

花結果。

　　不過，陪審團是難以把握、不好預料的小團體。陪審員與職業法官比，最大的缺點是司法理性不足。一些律師有時試圖利用陪審員的這一特點來達到勝訴的目的。如 O.J. 辛普森案件（O. J. Simpson murder case）的陪審團多為黑人，辯護律師打出種族牌，擊潰了福爾曼警官的證詞，在「只問黑白，不問是非」的陪審團那裡，這一招往往奏效。

　　陪審團人數一般只有十二人，由於沒有專業訓練和司法經驗，有時用感情壓倒理性來做裁決。法國等歐陸法系一些國家引入英國陪審團制度之所以失敗，就是因為歐陸國家有著理性主義傳統，不能容忍在以「理性」和「良心」為口號的司法審判中，由缺乏理性的一幫人乾綱獨斷。

　　不過，陪審團並不是「成事不足敗事有餘」的廢物組織。在英國司法史上，由於陪審團是獨立而不受羈絆的，並且將社會正義的觀念帶到司法審判中來，這使它成為「公民人身自由和政治自由的真正的保障」。路易斯·博洛爾（Louis Proal）指出，「正是陪審團有力保護了共和主義者抵抗來自克倫威爾的打擊報復，維護了許多受牽連的保皇黨人的安全。」不難理解的是，克倫威爾對陪審團沒有好感，正是由於這個原因，他「公開宣稱陪審團制度對司法公正是一個絆腳石，因為他使神聖莊嚴的裁決墮落成為愚昧無知和卑鄙齷齪的奇思怪想了；因為在

這種制度下，法律所蘊含的最重要的旨意並不是由法律科學來決定的，而是由那些充滿危害而又缺乏判斷力甚至是悟性平平的奇思怪想和偏見的集大成者來決定的。」克倫威爾這番批評，與「當今眾多刑法學家的相似批評一樣具有某些正當成分」。（路易斯·博洛爾《政治的罪惡（*Crime Politique*）》）只不過，克倫威爾是因為自己要求重建特別審判法庭的主張，被陪審團拒絕而大發雷霆說這番話。

離題了，且說對於訴訟雙方的律師而言，陪審員是否有足夠理性，只有在敗壞了他的案件時才是重要的，他們關心的，是如何利用陪審團的理性或者非理性去獲得勝訴。不過，儘管努力這麼做，他們有時也還是會作出錯誤的判斷，就像本案那樣，肥胖、慈愛的中年婦女雖然感情豐沛，內心卻自有一定之規，自己的獨立判斷不會為煽情表演改了羅盤指針的方向。

生活中其貌不揚、也沒有多大驚天動地事跡的普通人，可效法的地方也多著呢。

龐德的忠告

羅斯科·龐德教授（Roscoe Pound），美國著名法學家，美國社會法學的創始人。一九一六年至一九三六年擔任哈佛大學法學院院長一職。美國社會法學以實用主義為基

第六章　卻疑春色在鄰家

礎，在美國法律思想中長期占據主導地位。從一九三〇年代以來，龐德創立的學說成為美國法庭上的官方學說。龐德著述很多，《普通法的精神（*The Spirit of the Common Law*）》（一九二一）、《法律哲學導論（*A Introduction of the Philosophy of Law*）》（一九二二）、《法理學概述（*Outlines of Lectures on Jurisprudence*）》（一九五九）等皆聞名世界。

龐德認為：「一個國家如果沒有英美法系的歷史背景，沒有如英國或美國所訓練的法官及律師，要去體會它是很困難的。若循著現代羅馬法的道路已有良好發展，如果轉而重新建立一種傳統，既無合用的法律書籍，同時也不便於法典化，那便是一種浪費。我對於具有英國法歷史背景的地區採行英美普通法予以讚揚，不落後於任何人。但以之移植於不同歷史背景的地區，將是無益的。」他說：「英美普通法最不善處理立法的文件，也沒有把司法經驗予以公布的背景。英美法制中有法律與衡平法的雙重制度，普通法與立法之間有著嚴格界限，這些我都不欲介紹。」龐德還警告說：「十九世紀的改革家把陪審制度移植到歐洲大陸企求預期的效果，結果失敗了，這是值得警惕的。」龐德表示「如果要在短期內去模仿英美法來適應環境，而復由官方公布出來以便法庭適用，幾乎是不可能的」、「對於英美法制的仿效，可能要經歷很長的時間去把握它。」

對於龐德的忠告，真可謂：「知音少，弦斷有誰聽？」

家‧城堡‧垃圾箱

英國有一句著名諺語，云：「An Englishman's house is his castle」（英國人的住宅乃其城堡），意思是非經住宅的主人許可，任何人都不得擅自進入。儲安平曾說：「英人有言，每個人在其家庭之內，都是一個國王，他的寓所就是他的王國。大體說來，法律只是他房門口的衛兵，法律站在他的門口保護他，禁止任何人侵犯他在家庭的自由。」（儲安平《英國采風錄》）英國人將住所看作城堡的觀念，恰如下面一段話所揭示的：

最貧窮的人，也可以在他的小屋裡藐視皇家的權力。小屋可能很脆弱 —— 屋頂在搖晃，風可以吹進去，雨可以淋進去，水可以滴進去。但英國的國王不能進入，他的全部勢力不敢跨過這破爛小屋的門檻。

二十世紀初，一家報紙刊載一幅照片，足可以作為這段話的註腳。照片上是一戶英國普通人家，英國的國王愛德華八世（即後來的溫莎公爵）取下頭上的帽子置於胸前，俯身向門內的一位婦女問道：「我可以進去嗎？」以國王之尊，在別人的門前如此謙卑，而絕非造作，給讀者留下深刻印象。

英國人的「城堡」的觀念如此強固，對於侵入「城堡」的行為自然十分警惕。對「城堡」的侵入，一來自平民，一來自

執法人員，皆可以援用有關法律加以阻遏。執法人員的侵入主要是搜查，對房屋的搜查必然要進入房屋而往往使居住安全、隱私權受到侵犯。由於搜查牽涉許多重要的民法權利，不僅在英美，在世界許多國家，對警察的搜查權都加以嚴格限制，通常透過司法令狀加以限制。在一般情況下，搜查需要預先得到法官簽發的搜索票；如果警察違法搜查，可能會承擔民事、刑事責任。

英國居住自由的觀念有著廣泛影響，美國這一觀念達到的程度並不亞於英國。在美國，有的時候，「家」的觀念竟達到了近乎玩笑的程度。一位讀者在研究美國憲政的時候為下面一則案例所觸動：

有一年，紐約市警察局得到線索，說在某公園一個廢棄不用的垃圾箱裡藏有一些違禁物品，他們自然就想也沒想撬開了垃圾箱，結果發現裡面果真有一些違禁物品。但事情的蹊蹺在於，裡面同時也發現一個常年住在其內的老乞丐。紐約市警察局因此被告上法庭。原告，也就是乞丐的辯護律師認為，這個垃圾箱，對一般人而言，是一個可有可無的廢品，而對他的當事人來說，這個廢棄不用的垃圾箱就是他的家。他吃在此，睡在此，行吟在此，尤其重要的是，裡面藏著他全部乞討來的私人物品；而被告，也就是紐約市警察局，竟然無視一個公民的合法權益，在沒有得到法院搜索票的情況下，非法侵犯了一個

公民的家。

　　這位讀者感慨道：「實際上，對我來說，這個故事的結局並不重要，重要的是這個故事的本身所傳達出的文化訊息。它的邏輯，它的思維方法，它所攜帶的生命理念對我來說是全然一新的，是超出了我的文化經驗和文化想像的……它所告訴我的是，一個國家的合法公民，在沒有法院足夠的證據認定之前，他的住宅、財產和文件是神聖不可侵犯的……這個故事最重要的一點，我想提請諸位注意，那就是辯論雙方都沒有提到搜查的結果，即確實搜出了一些違禁物品；也沒有提到搜查的對象，即老乞丐。他們關心的只是警察權力的合法性，即只關注行為的發生過程，而不考慮行為的直接後果。」對於不明其背後的價值理念的人來說，這「無異於一種『外星人思維』」。（狄馬《乞丐、垃圾以及多數人的暴政》）

　　百年前，我們不斷發現西方社會與自己的不同之處，一些新的觀念被引進，往往毫無影響，久之復又湮沒無聞。住宅乃一個人之城堡的觀念，許多年前已有學者介紹，不過，世易時移，風流雲散，並沒有在我們心理上留下痕跡。如今又有人重新推介這一觀念，只是不知道有多少人能夠有所觸動。

　　當然，將乞丐居住的垃圾箱視為該乞丐的「家」，事屬非常，為之驚異一番無足為怪。垃圾箱本為公共之物，卻為私人占領並主張權利，氣雖壯理卻有所不直。仔細想一想，乞丐的

律師的這一主張卻也不是全無道理。該乞丐確實是把垃圾箱當作「家」來使用的，而這個垃圾箱對它的占有者來說也確實發揮著「家」的功能。

讓警察把垃圾箱看作一個人的家，特別是在不知有人居住的情況下仍然如此，玩笑開得不免有點大。不過，這背後的觀念卻是嚴肅的：公民自由權利不可恣意侵犯，這一訓誡永遠值得珍視。

電視觀眾看得見的正義

常常在電視上看到法官接受記者採訪，侃侃而談他剛剛辦完或者正在辦理的案件。對於這樣的情景，不能不感到驚訝：法官應當緘默，他們對案件的認定和態度展現在裁判書中，法官經常在電視上接受記者採訪，動輒公開發表對案件的認識和意見，容易使法官陷入輿論的漩渦，有損法官的尊嚴。

其實，這還不是最重要的。最重要的，是電視直播或者錄播法庭審判的做法。

司法良性運作，需要由一定的開放性加以保障。司法過程的開放性，可以使民眾和大眾傳播媒介監督司法活動，防止司法不公的傾向；也有利於強化民眾對法官的信任，提高法律和

判決的威信。不過，開放司法過程並不是漫無限制的。美國著名律師、作家文森特·布廖西（Vincent Bugliosi）在《暴行（*Outrage*）》一書中剖析辛普森被無罪釋放的原因，對法官伊托允許電視轉播的作法頗有微詞。

他提出批評說，電視轉播與法庭的嚴肅性是矛盾的：「審判是嚴肅、莊重的過程，經常決定一個人有無自由，甚至生死攸關的大事，任何介入，哪怕存在最小的潛在的介入都應禁止。」電視轉播對證人有不良影響，大多數人在大眾面前講話都不自然，他們會顯得膽怯、猶豫或者做作，行為有些異常，陳述時的措辭也會更糟。「當這樣的事情發生時，審訊作為尋找事實真情的過程，以及它的目的就無法正常實現。」電視轉播也影響到法庭中的其他人，辛普森一案的律師們就抱怨說電視轉播副作用很大，讓他們覺得像演戲一樣不自然。至於電視轉播的教育意義，實際情況也與一些人誇示的不同，「電視轉播審判，就等於在上演一出全國性的肥皂劇。」人們看電視，純粹抱著消遣的心理，「無論有沒有附加的教育任務，刑事審判的唯一目的是要決定被告是否有罪，而不是一定要教育群眾。」

對於刑事審判應否允許電視轉播，長期存在爭議。西方國家對電視轉播一直抱有慎重態度，對於法庭審理的場景的直觀描述，由一些法庭畫家來完成。英國對新聞報導犯罪情況和司法活動的限制較嚴；美國雖然寬於英國，但以往多數法庭不允

許新聞記者在法庭上攝像和拍照，允許對審判活動進行電視轉播是罕見的。一九六五年，埃斯蒂訴德克薩斯州一案中（Estes v. Texas），由於法庭破例允許對審判電視轉播，而被最高法院撤銷定罪，理由是：「從審判法官宣布某一案件要進行電視實況播送時起，它就變成轟動一時的案件……受到電視轉播的陪審團成員不能不感到壓力，知道朋友和鄰居們的眼睛正盯著他們。」

不過，近年來一些法院在電視轉播方面的限制有所鬆動。例如，一九五二年紐約州透過的民權法第五十二條規定：禁止照相機和攝影器材進入州法庭。一九八七年紐約州法院法第兩百一十八條規定法庭可以有限制地對新聞媒體開放。如今紐約州基於憲法中的言論自由條款和對電視報導的信任，允許電視轉播。迄今為止，美國已有四十八個州允許新聞媒體在案件審理中進行一定的錄音錄影報導，其中三十七個州允許電視臺對法庭審理進行轉播。

電視轉播的支持者認為：對於大眾矚目的案件，應當讓民眾知道法庭是怎樣審理，在民眾的監督下案件能夠得到公正審理。法庭旁聽席容量有限，如果民眾只能到法庭旁聽，就剝奪了一些人參與的權利。允許新聞媒體進行電視轉播，能夠增進更多的人對司法系統的了解，提高他們的法律意識。

不過，電視轉播的支持者對於審判公開的積極作用認識有

餘，對審判公開存在的弊端估計不足。審判公開素來存在一定
的弊端，諸如：過分損害被告人的羞恥心，不利於其悔過自新；
對於某些意志力不強、缺乏辨別力或者具有不良傾向的人，會
造成傳習犯罪的作用；影響證人出庭陳述，在人員蕪雜的公開
場合，證人的心態和表達可能會受到不良影響，影響其向法庭
提供證人證言；在涉及國家機密和商業祕密的案件中，公開審
判可能造成國家機密和商業祕密的擴散。電視轉播在取得良好
效應的同時，使審判公開的負面效應也成倍放大，司法機關對
此顯得估計不足。

　　另外，電視轉播對審判人員產生精神壓力。無論採取電視
轉播的做法是否是承審案件的法官主動採用的，電視轉播對他
都會產生一種精神壓力，這就是過分關注媒體對案件的評價或
者報導中表現出來的傾向性，留意媒體對承審法官的褒貶，對
輿論的走向也表現出過分敏感，這樣就產生了一種危險：法官
在判決案件的時候難以保持一種獨立判斷的精神，成為新聞媒
體和社會輿論的奴隸。這樣，電視轉播不但不利於司法公正反
而可能造成相反的作用。

　　電視轉播中容易摻入表演成分，使法庭審理的活動變成了
表演秀。電視轉播，常常使法官、檢察官和律師演員化，《洛杉
磯每日新聞》曾經在一九九四年報導說：為了電視轉播，「辯方
律師買了兩件新衣服，法官的妻子在他早上上班之前，檢查他

的髮膠噴沒噴好，法庭記錄員總得提醒自己不要用嘴叼筆。」當他們在法庭上過度注意自己的形象時，怎麼能期望他們把全部注意力放在法庭上呢？為了開好庭，法官、檢察官和律師往往在庭審前充分準備。特別是，案件通常是挑選出來的，有的法院在庭審前專門進行研究，拿出，或者近乎拿出了處理意見，法官在「胸有成竹」的情況下開庭，庭審勢必流於形式。

　　電視轉播只是對庭審過程在媒體上傳播，庭審之外存在的更為實質性的活動，並不為民眾所了解。如開庭前研究和開庭後向庭長、院長甚至上級法院的請示匯報，無法使法庭審理具有實質性，這樣電視轉播所具有的監督法庭審理活動的功能就被削弱，即使對庭上審理全程直播，也不能解決「黑箱操作」問題。

安斯蒂與「貪汙巴士」

　　19 世紀中期，一位香港總檢察官因得罪不少高官顯宦而黯然返回英倫，他忠實地履行了皇家檢察官的職責：打破貪官的翩翩綺夢，將腐敗瀆職的同胞送上法庭。

　　他叫湯瑪斯・克里澤姆・安斯蒂（Thomas Chisholm Anstey）。這個名字與早期香港的一些反貪大案相連繫：一八五六年警官倫道夫貪汙案、執法官米切爾貪汙案、

一八五八年總登記官凱德威爾貪汙案等，這些震動一時的案件都是安斯蒂所偵辦。

那時的香港真是「無土不黃金」，卻腐敗成風，大有「有官皆墨吏」之勢。英國對於公務員受賄貪汙並沒有嚴厲的法律加以處罰，香港當局更是對腐敗行為採取縱容態度。這給安斯蒂的反貪生涯投下了道道陰影。安斯蒂經過調查後控告凱德威爾十九條罪狀，卻受到港督寶靈和輔政司布里奇斯的阻撓和指責，逼得安斯蒂憤而返回英國控告；執法官米切爾被法庭判決無罪，安斯蒂反而被控誹謗……諸如此類的重重阻力，最終使安斯蒂離開香港，將一段深深的遺憾留在這塊「東方之珠」。

安斯蒂的經歷，讓人想起英國爵士百里渠（Sir William Alexander）的一段名言：「貪汙像一輛巴士，你可以登上去，就變成了富翁；你可以跟著它在它的旁邊走，知道它的存在，但不告發它；或者你站在它前面，這肯定會被碾得粉碎。」像所有優雅的英國紳士的談吐一樣，這段話機智，讀起來令人莞爾。

也許，只有那些大膽站在這貪汙巴士前面的人，才會讀出百里渠爵士話裡的沉痛。每一輛巴士前面都站著檢察官，每一位檢察官都知道面對的是怎樣一輛巴士：雖然無形，卻能感知它的存在；如此龐大，能夠充塞所有已知、未知的道路；力大無窮，足以摧毀一個政黨、一個城邦、一個國家和所有的國家

機器。站在巴士前面的人需要以多大的勇氣、歷經多少磨難才能最終獲得成功？又有多少人身處困厄、四面楚歌而最終湮沒於歲月？

安斯蒂知道他面臨的是怎樣一輛巴士。這位來自英倫的檢察官，拒絕搭上貪汙巴士以求宦囊飽滿、衣錦榮歸，也拒絕採取物我無涉的空靈態度任憑貪汙巴士傲然駛過。隔著百年滄桑，人們是否還能依稀辨識風雨歸舟上他孤單的背影？

我們很容易記住那些巨貪大蠹的名字，而那些曾經為捍衛公共利益而堅定地站在貪汙巴士前面的人的名字已被歲月消磨。魏忠賢、和珅等人的名字，我們一一悉數，那些當年冒著生命危險彈劾他們的人，除了那位因電視劇而走紅的劉墉以外，有多少人鮮活留在我們的記憶中？

與他們相比，現代檢察官們幸運得多，他們有了更多的職務保障，也有了更多精神上的理解和支持。在貪汙巴士面前，他們已不再孤獨無依。但廉政的道路畢竟仍散布著荊棘，安斯蒂式的悲劇也時有發生。這提醒人們，國家、社會和富有正義感的人們，應當進一步承擔起支持他們的責任，只有這樣，百里渠爵士的話才不致成為檢察官們的讖語；多少年後重提起他們的名字，才能了無遺憾。

法院門前的掮客

美國學者阿爾伯特·W. 阿爾斯楚勒（Albert W. Alxchuler）追溯辯訴交易的歷史，對這一制度頗有微詞。他認為，辯訴協商的歷史是為自證其罪施加壓力的歷史。盎格魯—— 美利堅的司法與歐洲大陸的司法相比，在證明方法上遠為形式化、花費高得多，也更極為耗費時日，圍繞審判過程形成的對權利的精密保障，為辯訴交易的盛行提供了一個壓力來源。人們想像的控告式訴訟，已經變成比任何歐洲的「審問式」訴訟制度更依賴於以被告人自己的嘴來證明有罪。他批評說，由於存在多種多樣的原因，人們離開有罪答辯不被鼓勵和訴訟被認為是「正義最可靠的檢驗方法」的時代已經很遙遠了。第一個就辯訴交易作出上訴判決的法庭，不允許「以任何欺騙和詭計」來擊潰接受審判的權利。一百年以前這一觀點由最高法院進一步發展，形成「一個人不能拿自己的生命、自由或者實體權利作交易」的觀點，這一觀點已經被今天的最高法院輕視了。

阿爾斯楚勒談到，在十九世紀向二十世紀轉換之際，辯訴交易潛滋暗長。一些城市法院出現了聲名狼藉的政治腐敗，這些腐敗現象應歸咎於日益增長的辯訴交易的做法。

在這個過程中，出現了一些司法掮客，他們在辯訴交易中

扮演穿針引線的作用。一八八五年，Providence 市長羅德·艾蘭德（Rhode Island）在安排與州檢察長進行辯訴協商中扮演了仲介人的角色；到了一九一四年，一名紐約辯護律師有一份帳目表，他與一名治安法官的財務分配使他能夠「出現在法院門前的街上並且帶著就一些判決達成的交易離開，其收費標準是：判處十天收費三百元，判處二十天收費兩百元，判處三十天收費一百五十元」。迪恩大學伊利諾斯法學院的阿爾伯特·J.哈諾（Albert J. Harno）後來評論道：「在紀錄中看到的辯訴交易，幾乎肯定都有它的背景，特別是在庫克郡（Cook country），與州檢察官進行交易的一個開庭期……這些接洽……經常透過另一被稱為『掮客（Fixer）』的人而實現。這種人十分可憎，這樣一種寄生蟲不僅能夠存在而且能夠繁衍，本身就構成了對我們的刑事司法制度的一項嚴重指控。『掮客』正像『掮客』這個詞所表達的一樣。」

　　從記錄下來的有關辯訴交易的判決看，大多數交易是檢察官發起，但實際參與辯訴交易的不限於檢察官。曼哈頓地區助理檢察官阿瑟·特雷恩（Arthur Train）曾經指出：「法院的官員往往因他們作為『答辯的贏家』（Plea getters）的能力而揚名。他們熱衷於在自己的審判庭盡可能地在辦理案件數量上有完美表現。相應地，每個早晨他們中的一些人就會到法庭下底層的候審室（pens）與那裡的囚犯答辯協商……據筆者所知，

候審室的所有的人會在能說會道的官員的勸說下，接二連三地
進行有罪答辯。」

　　警官在這一做法的蔓延中發揮過顯著作用。在二十世紀
早期，沃頓（Wharton）在其編輯的《刑事證據（*Criminal
Evidence*）》一書中，記述了進行交易的警官的腐敗動機，宣稱
他們向被監禁的被告人作出虛假許諾以便「將（他們）移送至
監獄，附帶著賺取運送的機會和按里程計算的旅費」。該著作得
出結論：「濫用被賦予（負有拘留責任的警察）的權力已經變成
了一種『買賣』，並且當法院和控方對這種錯誤完全不知情時，
這一做法也是恬不知恥的。」

　　阿爾斯楚勒得出結論，在它產生的初期，恰如今天一樣，
辯訴交易的做法無疑催生了許多滿意的顧客，而且對這個過程
進行的嚴肅的司法審查十分罕見。這個事實，伴隨著十九世紀
後期和二十世紀初期城市刑事司法的腐敗狀況，可能正是辯訴
交易不顧上訴法院的譴責而快速滋長的原因。

　　在美國法律制度的強烈吸引之下，許多人熱衷將辯訴交易
引入，有的司法機關還按捺不住興奮之情率先嘗試。在司法
腐敗仍然嚴重、司法掮客群體已經形成並不斷拓展活動空間之
時，人們對這一將司法上的交易合法化的制度的運作效果難免
心懷憂慮，追溯一下辯訴交易在美國司法史當中蜿蜒而來的歷
史，應該不無益處。

第六章　卻疑春色在鄰家

正義是如此脆弱，一項運作不良的制度很容易將其敗壞。

電子書購買　　　爽讀 APP

國家圖書館出版品預行編目資料

正義的圖騰，審判中的力量與敬畏：從泰美斯
的眼睛到彼拉多式司法，探索法律的深層意義
及法治的深層結構 / 張建偉 著 . -- 第一版 . -- 臺
北市：沐燁文化事業有限公司 , 2024.08
面；　公分
POD 版
ISBN 978-626-7372-91-3(平裝)
1.CST: 法律
580　　　　113010703

正義的圖騰，審判中的力量與敬畏：從泰美斯的眼睛到彼拉多式司法，探索法律的深層意義及法治的深層結構

臉書

作　　　者：張建偉
發　行　人：黃振庭
出　版　者：沐燁文化事業有限公司
發　行　者：沐燁文化事業有限公司
E - m a i l：sonbookservice@gmail.com
粉　絲　頁：https://www.facebook.com/sonbookss/
網　　　址：https://sonbook.net/
地　　　址：台北市中正區重慶南路一段 61 號 8 樓
8F., No.61, Sec. 1, Chongqing S. Rd., Zhongzheng Dist., Taipei City 100, Taiwan
電　　　話：(02) 2370-3310　　　傳　　　真：(02) 2388-1990
印　　　刷：京峯數位服務有限公司
律師顧問：廣華律師事務所 張珮琦律師

定　　　價：299 元
發行日期：2024 年 08 月第一版
◎本書以 POD 印製